GIGA スクール 構想で 変える！

1人1台 端末時代の 授業づくり

樋口 万太郎 著

JN032689

明治図書

はじめに

こんにちは。京都教育大学附属桃山小学校6年担任の樋口万太郎です。

本書を手に取っていただきありがとうございます。

本書を手に取っていただいたのは，

・GIGA スクール構想の実現にむけて奮闘中

・ICT の活用に興味がある

・ICT を活用した授業に悩んでいる

・これから ICT を活用した授業をしていかないといけない

・見方・考え方を働かせる授業に興味がある

などといった理由からではないでしょうか。

　新型コロナ対策による休校で，1人1台，タブレット PC を持つ流れが加速しました。これは，子どもたちにとっても，そして教師にとっても喜ぶべき流れです。1人1台のタブレット PC が導入されることで授業が確実に変わります。そして，仕事術も確実に変わります。本書はそのための手引き書となるように書きました。

　今年度，5・6年生と学級を持ち上がりました。1年生からタブレット PC を必要な場面では使用してきている子たちです。それでも5年生の最初は，授業においてタブレット PC の使い方にはあまり慣れていないように感じていました。しかし，5年生の終わりには大人の想定を越えるぐらいの使い手となっていました。どのように子どもたちがタブレット PC を使えるようになったのかについても，本書ではまとめました。

　本校には ICT を活用したすばらしい授業をされている先生が数多くいます。そんな先生の授業を参観したり，話をしたりして考えた「ICT を活用した見方・考え方を働かせる授業」についてもまとめました。

　本書が，ICT を活用した1人1台端末時代の授業へと，授業を改善することにつながる一助となることを願っております。そして，子どもたちも先生も笑顔あふれる授業になることを願っています。　　　　　樋口　万太郎

Contents

第 3 章 子どもが主役になる!見方・考え方を
働かせる授業の基礎・基本

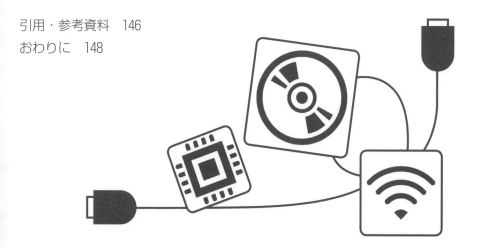

第1章

ICTを活用した
1人1台
端末時代の
授業のつくり方

1 社会6年「武士の世の中へ」「今に伝わる室町文化」

　私は，子どもの問いからうまれる授業（詳細は，樋口万太郎『子どもの問いからはじまる授業！』（学陽書房）をお読みください）を提案しています。

　私は，「問い」を，

・**学習の過程で子どもたちの中から生じてくる疑問，問題意識，探究心**

などと捉えています。そして，この「問い」は，

・**現在の学び，これまでの学びを次の学びへとつなげ，学習への主体性や意欲を高める原動力になるもの**

と考えています。

　社会科においても，問いを大切に授業を進めています。6年「武士の世の中へ」「今に伝わる室町文化」の単元の授業を通して紹介します。

1時間目

① 問いをつくる

　教科書「武士の世の中へ」「今に伝わる室町文化」を読みます。このとき，

・疑問，よくわからなかったこと

・驚き，不思議に思ったこと

・ひっかかったこと

・おもしろかったこと，感動したこと

・わかったこと

・調べたい，考えてみたいこと

という視点で，教科書に書き込み（例えば，「○○がよくわからない」「○○が気になる」）を入れます。この書き込みをもとに，問いづくり（疑問形になおす）を行います。

　問いは，授業支援アプリのカードに書き出しておきます。

② 問いを関連づける

　下のスライドは，教科書に掲載している学習問題を1枚のスライドに抜き出したものです（各問題の詳細は略）。そこに自分の問いを関連づけます。例えば「源氏は平氏をどのように破ったのか」という学習問題の横に「いくつかの戦いがあったのか」「源平合戦はどのような戦いか」といった自分の問いを置いていきます。関連づけることで，単元に位置づいた学習になります。

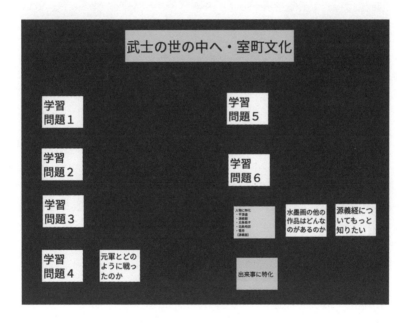

　このスライドには，「重要な人物」「重要な出来事」などこの時代でおさえておきたい語句も掲載しておきます。これらの語句と関連づけてもよいようにしています。

　また，自分の問いがどこにあてはまるのか悩む子がいます。そういったときには，「その他」をつくっておき，その他に置いておくように指示をしておきます。

2時間目

① 問いを全体で交流

　1時間目につくった問いをグループや全体で交流します。交流するときは，タブレット PC を見せながら，「～のような問いをつくりました。なぜなら～」というように説明させていきます。

② 問いから考えたことを発表する担当を決める

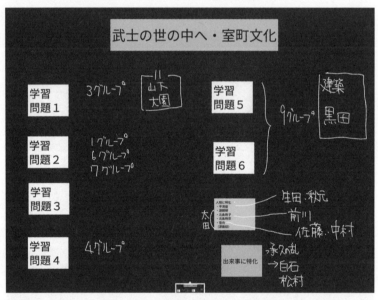

　単元の中盤以降は，自分の問いから考えたことをみんなに発表していく場になります。自分の問いを考えること，発表することは1人で取り組んでもいいし，グループで取り組んでも構いません。1人かグループかは子どもたち自身に選択させます。

　自分のどの問いについて考え，発表するのかを決定していきます。発表していく順番は教科書に掲載している学習問題の順番です。1時間目に自分の問いと学習問題を関連づけているため，自分がどこで説明をしたらいいのかがわかります。

　自分の問いを解決していく時間です。自分の問いを解決するために，教科書，資料集，図書室の本，インターネットなどを使用し考えていきます。みんなに話をしていくためにスライドをつくる時間にもなります。

　このとき，注意しないといけないことは，子どもは調べたことをそのままスライドにまとめようとしてしまうところです。それでは，あまり意味がありません。

　そこで，以下のような３つのステップを踏むようにしました。このステップは，子どもたち自身で見方・考え方を働かせることができるように作成したものです。何度も使用することで，自分で見方・考え方を働かせることができるようになります。

【ステップ1】

　ステップ1は見方を意識して，情報を集めるステップです。

　ただ単に調べさせるのではなく，以下のような視点で調べさせます。

【ステップ1】

起源，変化，継承（時期や時間の経過）
「いつ，どこで，誰によって始まったのかな」

「どのような理由があるのかな」
「どのように変わってきたのかな」
「どのように伝わっていくのかな」
「どのような時代だったのかな」

「なぜ始まったのかな」

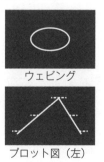

ウェビング

プロット図（左）

【ステップ２】

　ステップ２は考え方を意識したステップです。

　ステップ１で調べてきた情報をそのまままとめるのではなく，「①比較・分類，統合」もしくは「②各時代の人々や生活と関連づける」を選択し，情報をまとめていきます。

【ステップ２】
①と②のどちらかを選択

①比較・分類，統合
「どのような違いがあるのかな」
「どのような共通点があるのかな」
「いくつかの種類に分類してみよう」
「情報をまとめてみよう」

②各時代の人々や生活と関連づける
「生活とどのようにつながっているのかな」
「どのような影響を及ぼしたのかな」

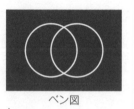

ベン図

　ステップ１，ステップ２にある「　」は子どもたち自身で取り組めるように考えたものです。しかし，子どもによっては，すべての「　」をしないといけないと思い，取り組んでしまう子がいます。問いによっては，すべての「　」に取り組まなくてもいいということは伝えておきます。

　それぞれのステップで使えるシンキングツールも明記するようにしています。

【ステップ3】

　ステップ3は，ステップ1・ステップ2をもとに，自分の考えを創造する
ステップです。このステップも「どのように続けていくことがよいのだろ
う」もしくは「共に生きていく上で何が大切なのだろう」を自分で選択して，
取り組みます。

　このステップは子どもたちにとっては難しいステップです。しかし，何度
も取り組むことで考えを創造できるようになっていきます。

【ステップ3】

　創造

・どのように続けていくことが
　　　　　　　　　　よいのだろう

・共に生きていく上で
　　　　　　何が大切なのだろう

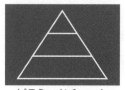
ピラミッドチャート

　紹介している実践は「歴史」ですが，「公民」や，他の学年でも取り組む
ことができます。

ここまでできてから，スライドをつくっていきます。

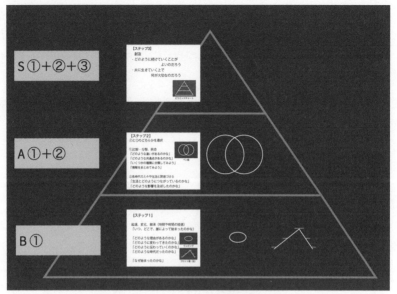

　ここまでできていると，子どもたちが作成するスライドや発表内容は見方・考え方を働かせる立派な内容となっています。

　発表内容は，

１：自分たちの問い，その問いを選んだ理由

２：ステップ１〜３

３：結論

という流れになるように伝えています。

　子どもたちが作成するスライドや発表内容は，

Ｓ：ステップ１＋ステップ２＋ステップ３

Ａ：ステップ１＋ステップ２

Ｂ：ステップ１

というように３段階で評価をしていくということを子どもたちにも示しておきます。

　自分たちで調べてきたことを整理していっているときの写真です。子ども
たちに相談されたときには，私も資料集や教科書を見ながら，一緒に考える
ようにしています。

　子どもたちは年表をよく見ます。子どもたちには「自分の問いのところを
考えるのではなく，単元全体を考えないと解決できない」ということも話を
しています。歴史は「1本のストーリーがある」ということも何度も話して
います。歴史漫画を一気読みすることを子どもたちには勧めています。
　また，情報を補足するために家にある本を持ってきたり，図書室から本を
借りたりして，本を読んでいる子がこの実践を行うようになってから増えま
した。家では，中田敦彦さんの「YouTube 大学」を観て，学んでいる子も
いるようです。

子どもたちは Keynote もしくは Google スライドを使用し，作成します。
（以下のスライドは子どもたちが作成したものです。）

　Keynote は個人で，Google スライドは複数で作成するときといったように使い分けさせます。アプリにはそれぞれの特性があります。状況によって，使い分けていきたいものです。

　このスライドは，Apple TV をつないでいるテレビに映し出しながら，次時以降で説明をしています。

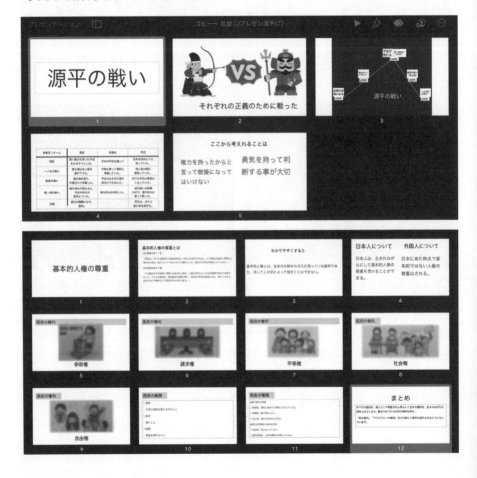

　子どもたちの問いについて考えたことを発表・聞いていきます。

① 発表を聞く・メモとり

　1つ目の学習課題で4つの発表があったとしたら，まず4つの発表を聞きます。このとき，聞き手はただ聞くというインプットをするだけでなく，まとめるというアウトプットする活動もセットにします。

　まとめるためには，発表からまとめるために必要な情報を抜き取る必要があります。必要な情報を書き出すときには，下の写真のようにメモをとらせます（メモ内容は本実践のものではありません）。

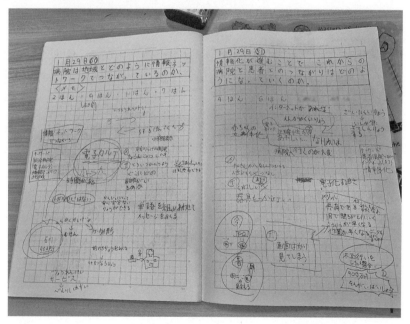

　メモをとるときには，大切だと思うことをどんどん書き出させます。文ではなく，単語や短い文で書かせていきます。同じ学習課題で数人が発表をしていくため，同じ単語や文が出てきます。そういったときは，何度も書かずに前の発表で出なかったことを書き足したりしていくようにします。

また色ペンを使って，１人目は青色，２人目は赤色，３人目は黒色というように分けて書いておくことも有効です。

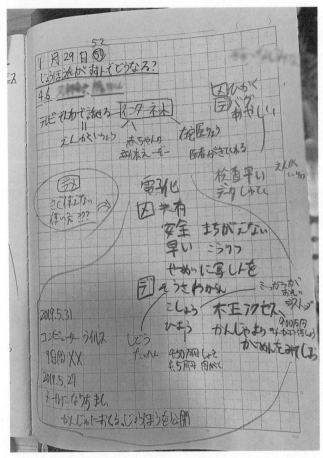

　最初は，子どもたちはメモをとることに苦戦します。そこで，私も子どもと同じように発表を聞き，画面収録をしながら，メモをタブレット PC にとりました。そして，画面を再生して，どのような順番でメモをとっていったのかを子どもたちに紹介しました。それを繰り返すことで，子どもたちもイメージを持つことができるようになります。

発表しているときの子どもの様子（公民の単元で行っている様子）

発表をまとめている様子

② 発表をまとめる

　まとめるための大切なキーワードはなにかを全体で共有します。まとめるための大切なキーワードは全部使用するというルールにしておきます。共有した後，アプリのカードにまとめる時間を設けます。

　アプリの提出箱に提出した子から，評価をしていきます。「修正」や「加筆」があるときには，コメントを入れ返却し，すぐに書き直させるようにします。

　まとめるときには，大切なキーワードを赤色にしておくと，教師が内容をみるときにわかりやすくなります。

まとめ
　1185年、山口県で源氏が平氏を滅亡させます。なぜ平氏と源氏が戦っていたかというと、貴族や朝廷の争いに巻き込まれてしまったからです。つまり、武士が貴族や朝廷などに使われていたということになります。そのような争いがなければ、源氏と平氏は共に生きていたかもしれません。平氏と源氏の両方もが日本の平和を願っていたという気持ちは同じだからです。
　どのように破ったのかというと、1184年兵庫県で行われた一谷の戦いで源義経が崖の上から奇襲攻撃を行います。そこでは一旦海に逃げ、壇ノ浦に逃げますが、1185年山口県の壇ノ浦の戦いが起こります。はじめは塩の流れ乗った平氏が優勢でしたが、潮の流れが変わると形勢も逆転し、ついには平氏の人々は海に身を投げました。そこで、

6月22日 15:23

1184年、源平の戦いが始まりました。一戦目の一ノ谷の戦いでは、平氏が勝利しましたが、三戦目の壇ノ浦の戦いでは源氏が勝利し、平氏は滅亡しました。そして、平清盛の妻が孫の安徳天皇とともに海に身を投げました。源平の戦いによって、ますます勢力を伸ばしていった源氏に、対抗できる者はいなくなりました。

6月22日 15:23

　源氏は平氏をどのようにして破ったのでしょうか。
　まずなぜ源氏が平氏を破ろうとしたのかについてです。入り乱れの戦いによって勝った平氏は太政大臣になりました。太政大臣は、好きなように命令などができる存在です。そこで平氏は、自分の娘をきさきにしたり、平清盛の孫を2歳で天皇にしたりと言う自分勝手な行動をしました。
　次になぜ源氏が平氏を破ろうとしたのかについてです。源氏は、平氏を破れと言う命令を下され、それに従ってたくさんの兵を集め平氏の命を狙いました。
　次に戦いの履歴です。1184年に一ノ谷の崖から義経が奇襲を受けました。1185年には四国に入り、風の影響で源氏が有利でした。そして1186年には、平氏が有利だった状況が潮の流れで源氏が有利になりました。
　最後にまとめです。平氏が自分勝手にしていたものを、源氏が止めようと戦い、風や潮の流れに味方され、源氏が戦いを勝ちました。ですが、源氏は通報され、藤原氏と一緒に処刑されてしまいました。

6月22日 15:27

（まとめ）
　これから、源氏が平氏をどのように滅ぼしたのかについてまとめる。はじめは平治の乱などで優勢だった平氏だが、源頼朝と源義経率いる源氏軍の次々に襲い掛かる予想外の展開で平氏は滅ばされていく。
　まずは一ノ谷の戦い。一ノ谷は海と急な崖に囲まれている場所。平氏軍は、てっきり海から攻めてくると思い海ばかりに陣を固めていた。しかし、源氏軍の義経は急な崖を降りるものを聞き、崖を駆け下りて奇襲攻撃を行った。驚いた平氏は海へ逃げた。この戦いは源氏が勝利した。
　次に、屋島の戦い。屋島の戦いでは、源氏軍が攻ってくる頃にちょうど潮が引いていなかった。攻めてこないと油断していた平氏だったが、源氏軍は海の中でも馬に乗って攻めてきた。これまた驚いた平氏は、また逃げた。この戦いは源氏が勝利した。
　最後に、壇ノ浦の戦いだ。この戦いでは、はじめは平氏に潮の流れが向いていたから平氏が優勢に見えたが、途中で潮の流れが変わり、源氏が優勢になったとして源氏は平氏を滅ぼした。
　このように、源頼朝と源義経率いる源氏軍が予想外の襲撃を次々し、平氏を滅ぼした。
豆知識
義経の三段跳びと呼ばれているものがあるが、これは壇ノ浦の戦いであった。

6月22日 15:27

③ ①②を繰り返す

　①②を繰り返すことで，子どもたちの中に知識が蓄積されていきます。また，知識がどんどん構造化されていきます。そして，友達の問いが自分事のようになっていきます。

　まとめに慣れてくると，まとめのなかにも11〜14ページで紹介したステップ1〜3がみえてきます。S評価をしているのは，ステップ3が入っている文につけています。

織田信長は鉄砲を使って戦いに挑み、天下統一を目指した。織田信長は楽市楽座というものをした。織田信長は天下統一を目指したが、部下の明智光秀により自害させられてしまった。そして結局天下統一をしたのは豊臣秀吉だった。ちなみに織田信長は鉄砲を使った天才だった。
戦いなどで天下統一を目指さず、話し合いなどで天下統一を目指した方が、誰も死なないし、誰も傷つかないから、戦いよりも話し合いで決めた方が良かった。

7月16日 15:32

織田信長
→織田信長は尾張・美濃に生まれた織田家の長男。楽市楽座で民を豊かにした男。そんな織田信長に仕えたのが、豊臣秀吉と明智光秀だった。豊臣秀吉は織田信長と本気で天下統一を目指し、織田信長のことを信頼していたが、明智光秀は織田信長にいじられていたため本能寺の変で自害した。
　織田信長は、長篠の戦いで日本で初めて鉄砲を使った戦をした。それまで有名ではなかった鉄砲だが、長篠の戦いで織田信長が鉄砲を使ったことが世の中の大きな話題になった。
　織田信長が天下統一をすることができたとしたら、自身の人間関係をしっかりするべき。

7月16日 15:33

織田信長
　織田信長は、尾張に生まれる。
　それから、今川を倒し有名になる。そして、長篠の戦いで本格的に三段打ちなどのやり方で鉄砲を使うなどいくさの天才であった。
　政治では、楽市楽座をするなど自分の国を豊かにした。
　（戦には金がかかる）
　京をおさえるなど天下統一に近づいていたものの明智光秀の裏切りにより、本能寺で自害。
　その後、中国で戦っていた豊臣秀吉が中国大返しで明智のもとえ行き戦うが、倒せぬまま逃げられたが、明智は農民に竹槍で刺されて死亡。
　「教訓」
いくら偉くなっても自分の内側のことはちゃんとしないといけない

7月16日 15:35

織田信長は天下を取って国を動かすという目的を持って天下統一を目指していました。織田信長は、鉄砲などで有名でしたが、しかしあと一歩というところで家臣の明智光秀に自害させられてしまいました。しかしその後明智光秀は、もう一人の家臣豊臣秀吉と争い破れてしまいました。そして、豊臣秀吉は勢いのままに各地の大名を従え天下統一を成し遂げました。その時代には貿易も行なっており、楽市楽座と言った新しい制度を設け座をなくしました。楽市楽座とは気楽に誰でも買うことができ誰でも売れるということで、現在でいうコンビニのようなものです。そして織田信長が明智光秀の手によって自害させられた理由としては、人を騙し続けていたことも理由だと言われています。

7月16日 15:36

　単元のまとめとして，単元で学習してきた知識を活用する「シンキング課題」に取り組みます。シンキング課題とは，単元の終わりに，パフォーマンス課題や思考コードを参考に作成した課題のことです。

　本単元では，「鎌倉・室町時代を『～な時代』というキャッチフレーズで表そう。書いた理由を140字以内でまとめよう」ということに取り組みました。

　子どもたちに右のワークシートを配布し，取り組みました。以下が，子どもたちの表現物です。

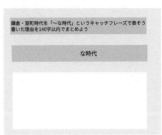

1 深い学びを実現できるのか

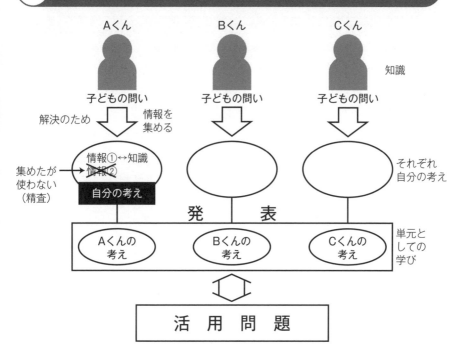

　ここまで15ページにわたって，私が考える ICT を活用した1人1台端末時代の授業実践について紹介をしてきました。このような授業を紹介すると，本当に深い学びを実現することができているのかという質問を受けることがあります。深い学びを実現するための前提として，

①各教科の見方・考え方を働かせる

②教師が教える場面と子どもたちに思考・判断・表現させる場面を，効果的に設計する

という２つの点が大切なポイントです。その上で，
・知識を相互に関連づけて深く理解すること
・情報を詳しく調べて考えを形成していくこと
・思いや考えをもとに創造すること
といったことがある授業が深い学びを実現した授業と言えます。

② 深い学びを実現するために

　社会６年「武士の世の中へ」「今に伝わる室町文化」の授業では，深い学びを実現することができたと考えています。深い学びを実現するために，以下のようなことを考えて授業づくりをしています。

　教科書から子どもたちはそれぞれの問いをつくる活動を行います。その問いと，教科書に載っている学習問題とを関連づけることで，単元の学習にしっかりと位置づいたものになります。子どもたちが考えた問いのなかには，関連づかない問いもありますが，それらの問いは学習を深めていくものとなる可能性があります。

　子どもたちは問いを解決していくために，情報を集めていきます。このとき，子どもたちは集めた情報を関連づけていきます。そして，関連づけた情報の中から，問いに必要なものを選択・判断し，自分の考えを創っていきます。

　そして，問いを発表・聞く段階では，教科書に載っている学習問題の順番ごとに発表をしていきます。ここでは，それぞれの発表から大切なキーワードを抜き出していき，まとめていくことになりますが，ここでも知識と知識の関連づけが行われていきます。毎時間繰り返すことで，毎時間ごとだけでなく，単元を通して前の学習と今の学習を関連づけていき，より学びを深め，子どもたちは学びに意味を持ちます。

　最後に，シンキング課題に取り組むことで，学習してきた知識を活用し，さらに学びを深めることができると私は考えています。

3 社会6年「誰を○○大臣にする?」 ～1学期のまとめ～

　1学期のまとめ(江戸時代の文化まで学習済)で取り組んだ授業です。これまでに登場した人物を使い,○○大臣に任命していくという学習です。適当に任命していくのではなく,これまでに学習してきたことを理由として書いていきます。

1・2時間目

> 【シンキング課題】
> あなたは総理大臣です。
> これまでに出てきた歴史の人物を○○大臣に任命してください。
> ただし織田信長,豊臣秀吉,徳川家康はどこかの大臣に任命します。
> 大臣の中には,該当者なしがあってもオッケーです。

　それぞれの大臣の役割などを簡単に説明したあとに,以下のワークシートを配布し,取り組んでいきます。

	人物名	理由
財務大臣		
文部科学大臣		
厚生労働大臣		
農林水産大臣		
経済産業大臣		
国土交通大臣		
環境大臣		
防衛大臣		
外務大臣		

	人物名	理由
財務大臣	織田信長	鉄砲などの外国のものを自ら受け入れた。
文部科学大臣	紫式部	竹取物語や源氏物語を書いたから
厚生労働大臣	聖徳太子	皆が安全健康で暮らせる国を作った
農林水産大臣	徳川家光	正確な指示で国の産業を支えた。
経済産業大臣	小野妹子	自分から貿易はしていないが平等な貿易を築くために隋へ行った。
国土交通大臣	行基	橋や宿場、道を作ったから
環境大臣	中大兄皇子と中臣鎌足	
防衛大臣	竹崎季長	国を守るために一所懸命働いた
外務大臣	フランシスコ・ザビエル	日本にキリスト教を伝えに来た。

7月30日 11:01

	人物名	理由
財務大臣	織田信長	海外との貿易もしていたから。
文部科学大臣	紫式部	源氏物語を書いていて国語などに詳しそうだから
厚生労働大臣	該当者なし	
農林水産大臣	卑弥呼	弥生時代の不安をなくしていたから。
経済産業大臣	足利義満	金閣寺を建てたくらいすごい人だから。
国土交通大臣	行基	大仏を造るときに信頼もされていたから。
環境大臣	豊臣秀吉	全国統一をしてまとめたり刀がり令を出したりしたから。
防衛大臣	北条政子	演説で人々をまとめていたから。
外務大臣	徳川家康	幕府を開くほど凄い人だから。

7月30日 11:03

	人物名	理由
財務大臣	聖徳太子	冠位の風位と言われているくらい人々の意見を聞いていたので、どのような人がお金に困っているのかをきき分けると思ったから。
文部科学大臣	紫式部	藤原道長の娘の家庭教師をしていたので、教育をするのにふさわしいと思ったから。
厚生労働大臣	豊臣秀吉	自己流の治療をしていたので、医療に詳しいと思ったから。
農林水産大臣	卑弥呼	稲作りで農業をしていたときから占いをして農業を発展させたので、農林水産大臣になってからも占いをして農業を発展させることができると思ったから。
経済産業大臣	織田信長	銃などの輸入をしていたので、外国の扱いに慣れていると思ったから。
国土交通大臣	行基	たくさんの工事を行ったので、国民にとって良い道路を作ってくれると思ったから。
環境大臣	中大兄皇子	大化の改新を行って、蘇我氏一族を滅ぼし、天皇中心の国づくりを進め、人々にとってより良い環境を作ったので、環境をもっと良くできると思ったから。
防衛大臣	徳川家康	江戸幕府を開いたので、兵を仕切る人に最適だと思ったから。
外務大臣	北条政子	幕府の実権を握るという、ものすごい力の持ち主なので外国の仕事を任せると日本がより良いものになると思ったから。

7月30日 11:37

	人物名	理由
財務大臣	藤原道長	貴族の頂点になり、国のお金の扱いが良さそうだと思ったからです。
文部科学大臣	紫式部	カナ文字を使っていたので、賢そうだと思ったから。
厚生労働大臣	豊臣秀吉	天下統一を果たしたから医療や社会に詳しそうだったから。
農林水産大臣	卑弥呼	米作りをしていたので農林などにも向いていると思ったからです。
経済産業大臣	織田信長	銃などを輸入していたので、輸入には詳しいと思ったからです。
国土交通大臣	行基	いろいろな工事を行っていたりしていたので詳しい?と思ったからです。
環境大臣	源頼朝	幕府を開いている土地などについても詳しそうだから
防衛大臣	徳川家康	江戸幕府を開いたので、家来がたくさんいる?と思ったからです。
外務大臣	北条政子	幕府の実権を握るので、力があるとも思ったからです。

7月30日 11:37

3時間目

自分が誰をどのような大臣に任命したのかを交流していきます。また、全体で織田信長、豊臣秀吉、徳川家康をどの大臣としたか、任命した理由の共通点や相違点を交流したあと、友達の意見を参考にしつつ、最終的な自分の考えを決定し、提出をします。

4 算数6年「線対称と点対称」

　「線対称と点対称」の1時間目の授業です。ここでは，6つの形を仲間分けする活動が導入場面です。教科書にはどのように分類をすればいいのか，分類をするための見方が掲載されています。しかし，それを見ながら取り組んだとしても，自ら見方に着目して考えることができたとは言えません。

　自ら見方に着目して，既習内容を活用して，自分一人でも考えることができるように，以下のような「シンキングピラミッド」を提案しています。「自分一人でも考えることができる力」を育成しないといけないことは，新型コロナ対策による休校でより実感したことでしょう。

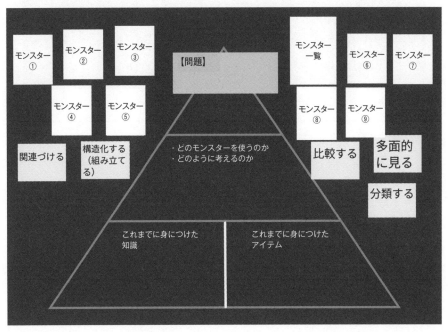

ピラミッドの1番上には，本時で取り組む問題が書かれています。

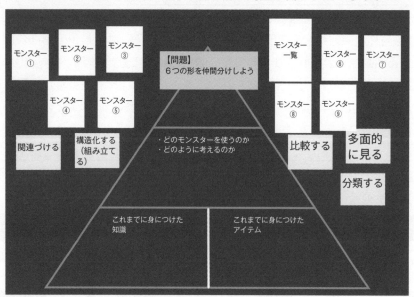

ここで使用している見方・考え方モンスターには，

モンスター①：きまりはあるのかな

モンスター②：数や形などを変えてみると

モンスター③：どうしてそうなるのかな

モンスター④：わけてみると

モンスター⑤：まとめてみると

モンスター⑥：別の表し方にすると……

モンスター⑦：揃えてみると

モンスター⑧：1つ分をつくる

モンスター⑨：同じようにできないかな

という9体のモンスターがいます（参考：学校図書）。

① これまでに学習した知識を1番下に書き出す

　1番上にある問題を読み，問題を解決するための知識を1番下に書き出します。ここで書き出す知識とは，「内容知」「方法知」のことです。内容知とは学習内容に関するもの，方法知とは学習方法（学び方）に関するもののことです。

　子どもたちには，「この問題を解くためには，これまでに学習してきたどのようなことが必要かな？　左下のところに思いつく限り書いてみよう」と伝えます。

　また1番下の右の部分には，考えていくための図や表，道具といったアイテムを書き出すようにしておきます。

　子どもたちには，「問題を解くための道具，図や表，シンキングツールはどのようなものが必要かな？　右下のところに書いておこう」と伝えます。

　算数は，既習内容をもとに考えていく教科です。自分たちで振り返り，既習の知識を書き出すことは，考える力を身につけるための第1歩になるのではないかと考えています。

② どのように考えるのか？

　①で書いた知識を活かして，問題を解くためにどのモンスターを使えばいいのか，どのような思考スキルを使用すればよいのかを子どもたち自身で選択して，置いていきます。置けたら提出箱に提出します。

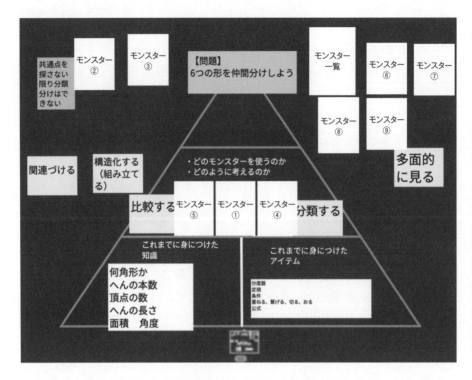

　それぞれの子どもたちが問題を解決するために書き出します。そのため，全員が全く同じシンキングピラミッドになることはほとんどありません。

③ 実際に問題を解く

　①②ができたら実際に問題を解決していきます。この時間では，6つの図形（線対称な図形，点対称な図形，線対称でもなく点対称でもない図形をそれぞれ2つずつ）を提示し，自分が考えたシンキングピラミッドをもとに問題を解決していきます。

　このとき，**「解決していく中で，最初は使えると思っていた知識や，見方・考え方モンスター，思考スキルが変わっても構わない」** ということは，子どもたちにも伝えておきます。

④ 振り返る

　問題を実際に解決したあと，どのように考えたのかを振り返ります。使用した知識や見方・考え方，モンスター，思考スキルに印をつけておきます。こうすることで，自分の学びを振り返ることができます。

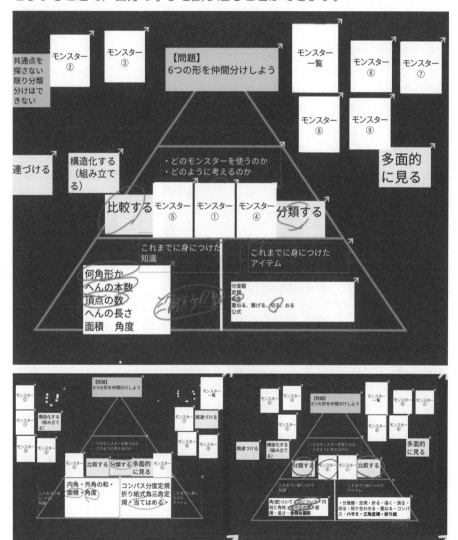

⑤ 次時の授業では

　次時の授業でも，新しいシンキングピラミッドを配布し，シンキングピラミッドを考えてから，取り組みます。このとき，前時と違うのは，1番下の左に前時のシンキングピラミッドを取り入れることができることです。

　学習はつながっています。前時に学習したことをもとに，本時の内容を考える子もいるかもしれません。さらに，次の授業では，2時間分のシンキングピラミッドが入ってきます。シンキングピラミッドは単元が進むにつれて，何層にも重なりができていきます。重なりができていくということは，これまでの知識と関連づくことや知識が統合されていくということです。つまり，学びが深まっていきます。

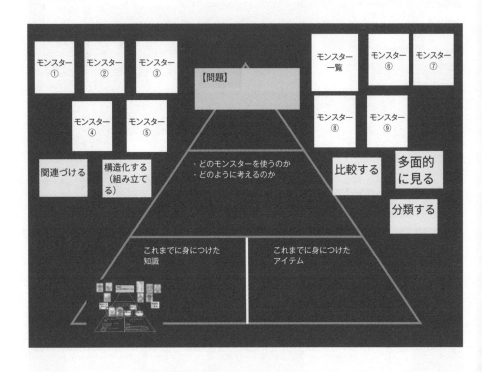

5 理科6年「１学期の復習」 ～活用問題～

　新型コロナの影響により，実験・観察にこれまで以上に取り組みづらい日々が続きました。NHK for School をはじめとする動画を使用し，授業を進めていたものの，学びが定着していないように感じました。

　そこで，教科書をしっかり読み込むために，そして知識と知識を関連づけて，学びを深めていくために以下のようなシンキング課題を作成し，１学期の終わりに取り組みました。

【シンキング課題】

あなたは，教科書を作成している編集者です。

次の問題について教科書のページを使いながら，回答をつくりましょう。

　問題は教科書の単元最後に載っている問題を使用しました（下は仮問）。

> ❷ 植物を育てるときに使用する固体の肥料に含まれるものには，水にとけやすいものが含まれています。それはなぜでしょうか。

　上記のように教科書の問題をスクショし，スライドの上に配置し，子どもたちに配信しました。子どもたちは理科の教科書の写真を撮り，その写真を使いながら，取り組みました。各単元で行いました。これらはノートではできないことです。ICT だからこそできることです。

❶ きりふきでアサガオの葉に水をあげている子がいました。どのような水やりをしたほうがよいのか，アドバイスをしましょう。

問題

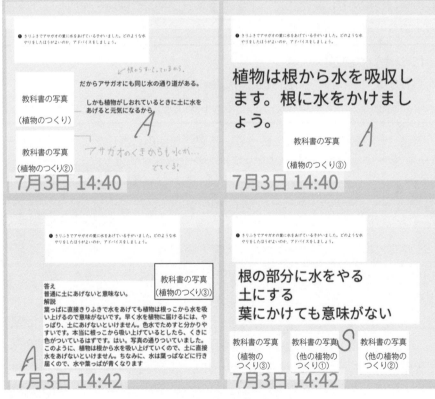

子どもたちの表現物

❷ 植物を育てるときに使用する固体の肥料に含まれるものには，水にとけやすいものが含まれています。それはなぜでしょうか。

問題

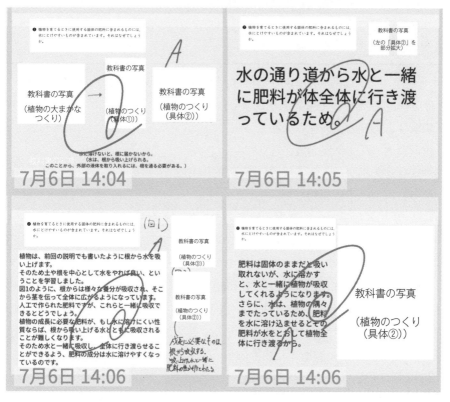

子どもたちの表現物

6 国語6年「やまなし」

1時間目

シンキング課題を子どもたちに提示します。

【シンキング課題：原稿依頼】
あなたは，「宮沢賢治研究者」です。
宮沢賢治研究者として，「やまなし」の評論文を800字以内で書いてください。

そして，「この課題を解決するにはどうしたらいいのかな」と聞くと，
「他の作品を読んで共通点をみつける」
「やまなしの文の工夫を考える」
「宮沢賢治さんの作品の思いを知りたい」
「やまなしを書いたときの世界の様子を知りたい」
「クラムボンの正体を知りたい」
といったことが子どもたちから出てきました。子どもたちは「宮沢賢治研究者」という設定から，宮沢賢治について詳しく知らないといけないと考えるようになっています。

そこで，「他の作品はどのような作品があるか知っている？」と聞きました。子どもたちからは，銀河鉄道，セロ弾きのゴーシュ，双子の星，注文の多い料理店といった作品が出てきました。宮沢賢治の作品を全く知らない子もいます。そこで，教室にできる限りの宮沢賢治の本や絵本を置いておき，自由に読めるようにしておきます。

シンキング課題を解決するために，子どもたちから出てきた考えを大切にしていくということを全体で確認したのちに，やまなしの音読CDを聞き，わからない言葉などの確認をしました。

白石（2012）の10の観点を参考に，アレンジした10の分析の視点を使い，一人で設定を読み取ります。

【物語10の分析】

①時や場所

②登場人物（中心人物・対人物）

③キーアイテム

④登場人物の心情

⑤語り手

⑥出来事・事件

⑦山場（クライマックス）

⑧言葉の面白さ

⑨主題「この作品で何を伝えたいのか」

⑩一文で表す 「（中心人物）が（出来事）によって（変容）になる話」

この10の分析を以下のようなスライドをつくり，子どもたちに配布しておきます。そうすることで，自分で分析をすることができます。最後に①②③は全体で共有します。

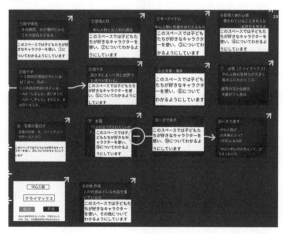

子どもたちはそれぞれの方法で，考えた設定をまとめていきます。

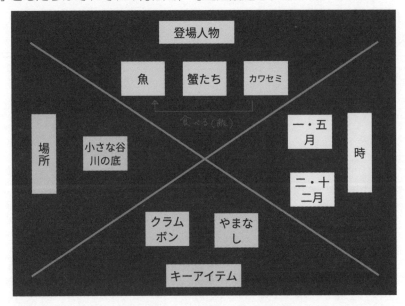

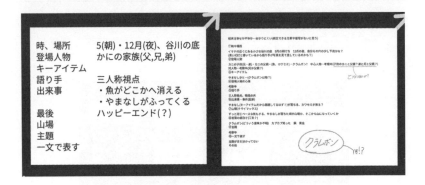

3時間目

6つの視点で問いづくりを行います。

6つの視点とは，以下のような視点です。

> 青色：疑問，よくわからなかったこと
>
> 黄色：驚き，不思議に思ったこと
>
> 黄緑色：ひっかかったこと
>
> ピンク色：おもしろかったこと，感動したこと
>
> 白色：わかったこと
>
> 赤色：調べたい，考えてみたいこと

まずは，一人で問いづくりをします。誌面の関係でカードの色がわからないと思いますが，子どもたちは様々な色のカードを提出しています。また数字が書かれているので，いくつ問いを提出したのかということがわかります。1番多い子で，このときは10個出していました。

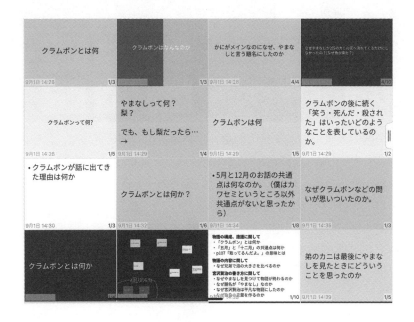

どのような問いをつくったのか，自分とは違う班の子たちと交流をします。相手の問いでいいなと思ったものがあれば，カードを送ってもらいます。

　そして，自分の班に戻り，他の班でどのような問いをつくっていたのかを交流します。

　子どもたちの手元にはたくさんの問いが集まります。以下のように自分たちで分類している班があったり，自分たちで問いを精査したりしている班もありました。

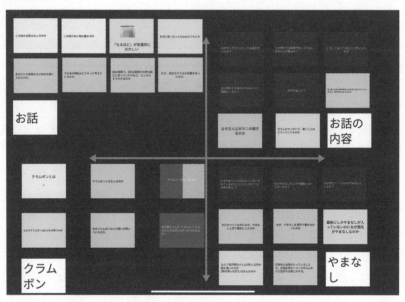

　この時間の最後には，本文にある「小さな谷川の底を写した，二枚の青い幻灯です」というところから，この二枚というのは，5月と12月だということを確認したのちに，次のページの上にあるカードを子どもたちに送信して，それぞれの場面のイラストを描く活動をとり入れました。

　描けた人から提出箱に提出し，お互いのイラストを見合う時間をとりました。子どものなかには友達のイラストを見て，描き直す子もいました。

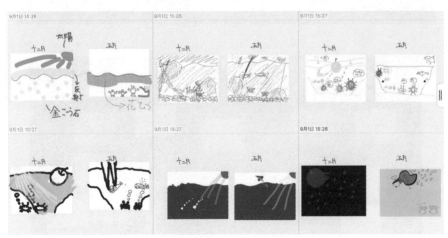

子どもたちが描いた5月と12月のイラスト

4・5時間目

　グループで話し合って，グループで考えたい問いベスト3を決定します（次ページ上下）。各班によって解決したい問いは異なります。

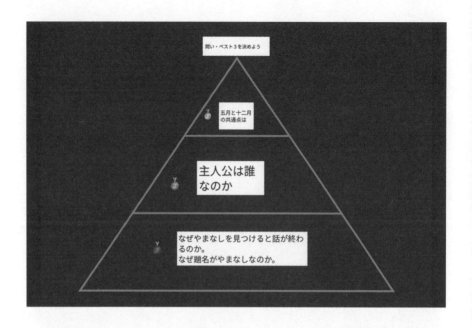

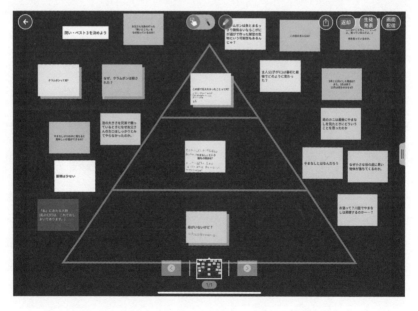

決定した問いベスト３をグループで話し合いしながら，考えていきます。途中で，問いや自分たちが現段階で考えていることを交流する活動を行いました。そして，授業の最後には，問いに対しての表現物をロイロノート・スクールのカードにまとめて提出するという活動を行いました。

　活動をスタートするときに，「問いによっては答えがみつからないときもある。そういう場合は現段階でどのようなことに悩んでいるのか，途中段階の考えをまとめて，提出する」ということを確認しました。

　子どもたちは自分たちの問いを解決しようと，叙述や，インターネットで調べたこと，友達の考えを聞いたりして，必死に取り組んでいきます。

　時間があるときには，問いに対して自分たちが考えたことを全体に発表する場を設けたり，提出したものをまとめて全員が見れるようにしておいて，それを見る時間を設けたりすることも有効です。

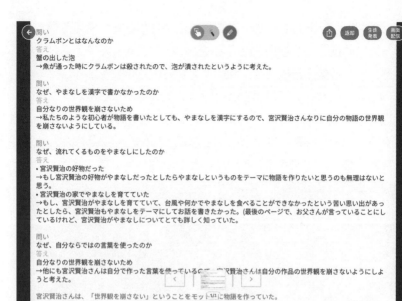

クラムボンとはなんなのか
答え
蟹の出した泡
→魚が通った時にクラムボンは殺されたので、泡が潰されたというように考えた。

問い
なぜ、やまなしを漢字で書かなかったのか
答え
自分なりの世界観を崩さないため
→私たちのような初心者が物語を書いたとしても、やまなしを漢字にするので、宮沢賢治さんなりに自分の物語の世界観を崩さないようにしている。

問い
なぜ、流れてくるものをやまなしにしたのか
答え
・宮沢賢治の好物だった
→もし宮沢賢治の好物がやまなしだったとしたらやまなしというものをテーマに物語を作りたいと思うのも無理はないと思う。
・宮沢賢治の家でやまなしを育てていた
→もし、宮沢賢治がやまなしを育てていて、台風か何かでやまなしを食べることができなかったという苦い思い出があったとしたら、宮沢賢治もやまなしをテーマにしてお話を書きたかった。(最後のページで、お父さんが言っていることにしているけれど、宮沢賢治がやまなしについてとても詳しく知っていた。

問い
なぜ、自分ならではの言葉を使ったのか
答え
自分なりの世界観を崩さないため
→他にも宮沢賢治さんは自分で作った言葉を使っているので、宮沢賢治さんは自分の作品の世界観を崩さないようにしようと考えた。

宮沢賢治さんは、「世界観を崩さない」ということをモットーに物語を作っていた。

どうして最後にしか出てこない「やまなし」が題名なのか
→「かばの花」でもよかった？

理由
5月、魚が突然「怖いところ」へ行ってしまい、とても怖かった。そこへ、かばの花びらが「大丈夫だよ」というかのように流れてきた。12月、兄弟が喧嘩して弟が泣き出しそうになってしまった。そこへ、やまなしが弟の気をそらすようにいい匂いをただよわせながら流れてくる。
↓
かばの花もやまなしも兄弟を助けている
↓
キーアイテム？
↓
その中でも特に印象に残ったやまなしが題名になった？

子どもたちの表現物

第２位

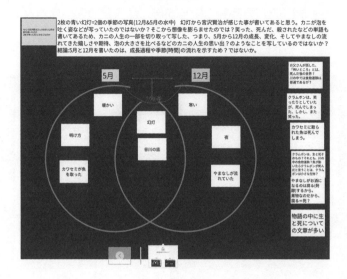

第３位

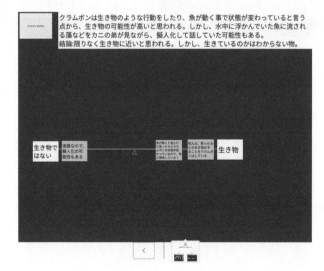

決定した問いベスト３を考える

「イーハトーブの夢」の音読 CD を聞き，宮沢賢治の生き方と考え方について考えます。

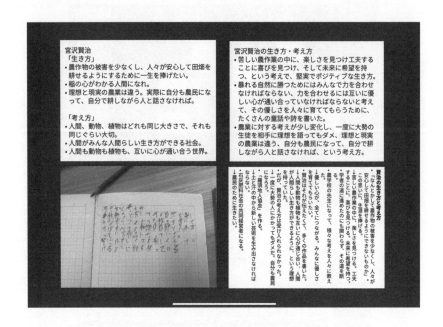

個人で考えた後は，全体で交流し，まとめて上のように提出します。

全体で交流したあとは，

「宮沢賢治の性格は一言で言うとどのような性格なのか」

「宮沢賢治の考え方と生き方はやまなしのどのようなところに反映されているのか」

ということを子どもたちに聞き，それぞれの考えを共有し，宮沢賢治の考え方，生き方について，考えを深めました。

　5月と12月の比較を行うために，以下のような，比較するための視点が載ったベン図を提示して，活動に取り組みました。

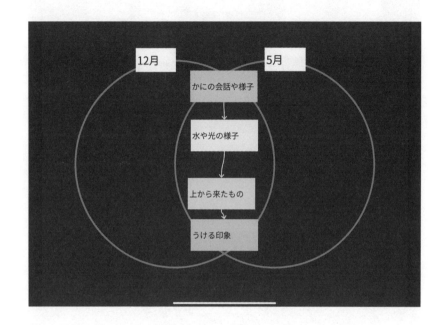

　子どもたちが，個人で4つの視点から分析したあと，全体で交流をしました（48ページ上下，49ページ上の分析例は個人で作成したものです）。

　そして，「どのような変化があるか」「5月，12月それぞれに色をつけるならどのような色をつけるか」などということを聞きました。

　子どもたちから出てきた「こわい印象がある5月」と「こわさが薄れる12月」「生きると死ぬ」「暗い色，明るい色」ということから，最後にはこの作品の主題である「生と死」についてみんなで話し合いました。

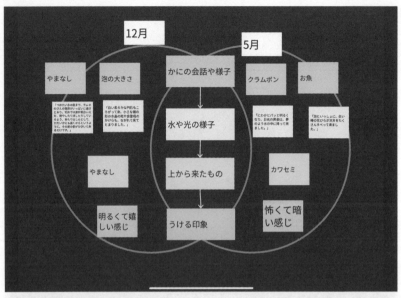

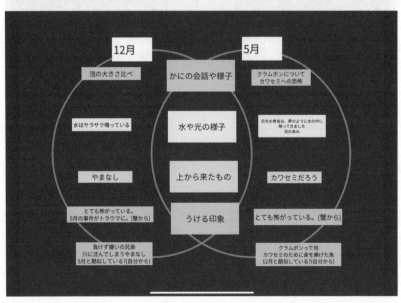

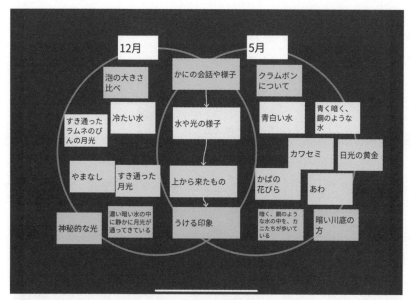

　このときの授業は，最初に子どもたちに配布したベン図を使い，以下のような板書を行い，子どもたちの考えを促しました。

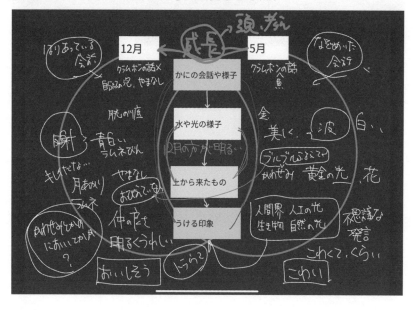

【評論文を書く】

　評論文を書くため，これまでに考えてきたことを以下のようなフィッシュボーン図を使用し，まとめます。

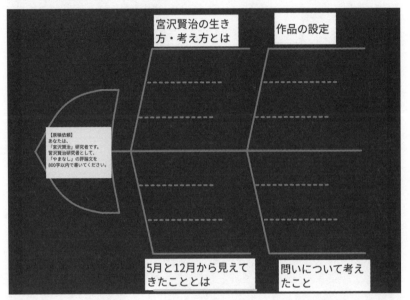

　G Suite for Education の classroom から課題を配布し，評論文を書くための自分の問いを設定し，「スライド」を使い，評論文を書いていきます。

6年1組　すべての生徒 ❯

タイトル
やまなし

課題の詳細（省略可）
【原稿依頼】
あなたは，「宮沢賢治」研究者です。
宮沢賢治研究者として，「やまなし」の評論文を800字以内で書いてください。

　評論文を書けた子はクラウドに自分の評論文をあげたのち，互いのスライドを見合い，感想や改善点などを書き込んでいきます。このときは，「10人の子の評論文を読み，感想や改善点などを書き込もう」と伝えました。何人に感想や改善点を伝えるかは，クラスの状況によって変えます。改善点と言

うと，マイナスのことばかり書いてしまします。そこで，プラスのことを書いてもいいということを伝えます。そうすることで，評論文を完成させていくことができます。

　私は，「やまなし」は妹のトシを思って書いた物語だと考えた。「やまなし」では，死を淡々と食物連鎖として表している。平和そうな世界の中で一瞬にして魚が死んでしまう。トシは，当時治すことができなかった病によって亡くなった。この物語の中で，食べられてしまう魚がトシ，トシを襲うカワセミが病，見ているカニの兄弟が宮沢賢治だと考える。魚がカワセミに食べられてしまい，カニの兄弟は初めて死の恐ろしさを知った。自分にとって妹の死はとても大きなことだったが，他人からしたら小さなことだったということが，「小さな谷川の底」という表現から感じ取れる。賢治は深く悲しみ，葬儀の後半年間は詩を書かなかったといわれている。

　物語の文章中に「クラムボンは死んだよ」という会話がある。この文章から，トシの死の悲しみを思い出しているように感じる。魚が上を通ることによって，光が遮られ暗闇にいるような悲しい気持ちになってしまったのだと考えた。「クラムボンは笑ったよ」という会話からは生きていたころのトシを思い出している様子を感じる。魚が通り過ぎたことによって光が入り，トシとの楽しい思い出を思い出して微笑ましい気持ちになったのだと考えた。

　宮沢賢治はこの作品によって，世界には怖い事もあるけれど，自分の希望を見つけ乗り越えていかなければいけないという事を伝えたかったのだと考える。この物語では，希望のことをやまなしとして表している。妹の死という辛い経験をしたけれど，トシの為にも悲しむだけではいけない。そのようなことを考えてこの作品を書いたのだと考えた。

　宮沢賢治は妹の死を黙っていられず，誰かに共感してもらいたいという気持ちがあったため作品にしたのだと思う。しかし，読者に同情を求めているのではなく，自分が大切な人の死を経験している者として作品を書き，これによって読者が前向きになってほしいという気持ちが感じられた。

評論文①（高橋采花さんの作品）

私はこのやまなしを読んで，なぜ五月と十二月の話が書かれているのかについて考えた。その答えは，宮沢賢治が生と死の関係を知って成長した「かに」を書きたかったからだと思う。理由の一つ目は，五月，鉄砲だまのようなものが魚をとるところを見て死を感じて怖がっていたが，十二月のかにはかわせみがいても，何かが生きるためには何かが死ななければならないという関係を理解し，落ち着いた様子で成長していると感じたからだ。その怖がっていた五月の様子は次の，鉄砲だまのようなものが魚をとっていったあと「二匹はまるで声も出ず，居すくまってしまいました。」という文からわかる。また，かにたちが「こわいよ，お父さん。」と言っている文からも怖がっていることがわかる。けれども，十二月になると，カワセミのようなものがやってきた時，かにたちは「かわせみだと首をすくめて言いました。」と言っていた。この全部の文から，五月はとても怯えていてお父さんに怖いと言っていたけれど，十二月になるとかにたちは「かわせみだ。」というだけでとても冷静だから，かには生きることと死ぬことについてかにが理解し成長していると言える。
　理由の二つ目は，例えば五月と六月とかだと，かにたちはそれほど短い間に成長することができないからだ。なぜそう考えられるかは次の文からわかる。十二月の文に，「かにの子どもらはもうよほど大きくなり」とある。また，五月は「クラムボンは笑ったよ。」というような意味のわからない話をしていたが，それに対して十二月は「やっぱりぼくの泡は大きいね。」とお互いの泡の大きさを比べあっていることがよくわかる。つまり，五月と十二月の間で，心も体も成長して，生と死の関係を知るためには五月から十二月までの間が必要だったと考えられる。
　だから私は，五月と十二月なのは生と死の関係を知ってかにたちが成長したことを書きたかったからだと思う。

評論文②

　僕が考えた問い，主題は何かである。僕の考えた主題は命のつながりだ。その理由は１つある。
　その理由は，生と死がいくつか登場するからである。１度目は魚の死だ。しかしこれはカワセミにとっての生とも取ることができる。魚が死ぬことによりカワセミが生きる。２度目はカニがやまなしを食べようとする生だ。しかしこれも同様，やまなしの死あってこその生だ。他にも根拠はある。それはカワセミが魚を食べたときだ。そのとき周りは
「日光の黄金は，夢のように水の中に降ってきました」
と書いてあり悲しそうな様子はない。生き物全体は生き生きしているものの死もある，そういう風に私はこの文をとらえた。このような描写は他にもある。それは12月の時，やまなしを食べようとしたときだ。
　その時波は，
「いよいよ青白いほのおをゆらゆらと上げていました。」
とかいてある。波の青白いほのお＝カニの命とトルことはできないだろうか。みながやまなしの死を感じているときカニの命はこうごうと燃えているのだと私は思う。
　この理由からわかることは，あくまでもこの物語はカニ目線で見たものであり全体で見れば生と死両方があると思う。なので私は12月が死で５月が生と言うのには少し反対だ。生あるところに死がある。これは星野道夫作の「森へ」でも書かれていることだ。命はそれぞれ密接に関わっており互いがいなければ生きられないということを宮沢賢治はこの作品で僕たちに伝えたかったと私は考えた。

評論文③

　なお，本実践は「主体的・対話的で深い学びの実現に向けた ICT 活用の在り方と授業事例（文部科学省）」p.26−31より引用・改訂，長野健吉（京都教育大学附属桃山小学校），山本はるか（大阪成蹊大学）の実践を参照しました。

第2章

ICT を
活用するとは？
見方・考え方を
働かせる授業とは？

1 見方・考え方を働かせる授業とは

1 どれを働かせていますか？

　ICTを活用した見方・考え方を働かせる授業を考えるためには，まず見方・考え方を働かせる授業とは何かを考えておかないといけません。

　5年生「単位量あたり」の問題を例に①②③のどの授業展開が見方・考え方を働かせている授業か考えてみましょう。

> どちらの部屋が混んでいるでしょうか。
>
> | | A | B |
> |-------|-------|-------|
> | 畳の数 | 10枚 | 16枚 |
> | 子ども | 6人 | 10人 |

授業展開①

教　師「問題を考えるために，畳1枚あたりの人数で比べてみましょう」

教　師「1枚あたりAは何人になりますか？」

子ども「0.6人」

教　師「では，次に1枚あたりBは何人になりますか？」

子ども「0.625人」

教　師「どちらが混んでいますか？」

子ども「Bの方が混んでいます」

教　師「どうしてですか？」

子ども「0.625人の方が0.6人より多いからです」

教　師「みなさん，いいですか？」

子ども「いいでーす」

教　師「その通りです。正解です」

授業展開②

教　師「今日のめあては，『たたみの枚数も人数もちがう部屋の混み具合の比べ方を考えよう』です。みんなで読みましょう」

（みんなで声に出して読む）

教　師「では，今日の問題です。ノートにうつしましょう」

（ノートにうつす）

教　師「比べるためには揃えないといけないですよね。何を揃えますか？」

子ども「畳の枚数を揃えたらいい！」

子ども「子どもの人数を揃えたらいい！」

教　師「子どもの人数を揃えるにはどうしたらいいですか」

（揃えるためのアイディアを話し合う）

教　師「では，実際にやってみましょう」

（揃えるためのアイディアに実際に取り組む）

授業展開③

教　師「今日の問題です。ノートにうつしましょう」

（ノートにうつす）

教　師「どちらの部屋が混んでいるか，考えていきましょう」

（子どもたちは１人で考えながら，周りの子とも話し合いつつ取り組む）

子ども「畳１枚あたりの人数で比べたらいいんじゃないの？」

子ども「畳の枚数を揃えたらいいんじゃない？」

子ども「畳の枚数をどう揃えよう。16と10の最小公倍数の80にする？」

子ども「１に揃えるのはどうかな……」

（この後も話し合いが続く）

　授業展開①〜③は，いずれも見方・考え方を働かせていると言えるかもしれません。しかし，決定的な大きな違いがあります。

　授業展開①は，教師が子どもたちに指示をして，見方・考え方を使わせて

いる状態です。これでは，「子ども」が見方・考え方を働かせているとは言えません。見方・考え方を働かせている授業の主語は「子ども」です。このように教師が指示をして，その通り子どもたちが取り組む授業を続けると，教師の指示なしでは何も取り組むことができない子どもになってしまいます。「主体的」とは程遠い子になってしまいます。

　授業展開②は，「畳の枚数」や「子どもの人数」に着目して，「揃える」ということを発表して，問題を解決している子は見方・考え方を働かせていると言えます。しかし，授業の最初に「何を揃えますか」と本時で使用する見方・考え方を必要以上に教師が確認してしまっていると言えます。考えるための方向性を教師が示してしまっています。問題解決型学習の「見通し」の場面でよくみる状況です。これでは子どもが見方・考え方を本当に働かせているとは言えないでしょう。

　授業展開③は，試行錯誤しながらも，子どもたち自身が思考し，判断し，表現しています。答えまでたどりつかなかったとしても，③は子どもが見方・考え方を働かせている授業だと言えます。③は主語が「子ども」になっています。答えまでたどりつくために，①②のようなレールをひくのではなく，教師はどのようなアドバイスやフォローを一人ひとりにできるのかを考えることが必要です。

　授業でのアドバイスやフォローなどを考えていないのであれば，それはほったらかしの授業となってしまい，「見方・考え方」を働かせることができません。「見方・考え方を働かせる」の主語は，教師ではありません。「子ども」です。教師が指示した通りに動くのではなく，子どもが「見方・考え方」を働かせることが何よりも大切なことです。

✎ まとめ

・見方・考え方を働かせるのは「先生」ではなく「子ども」。
・教師が使わせる・確認しすぎることは「見方・考え方を働かせている」ことではない。

2 見方・考え方とは何か

1 見方・考え方は成長していくのか

「見方・考え方」は学習を通して成長していくものです。学習を通して成長していくことは，学習指導要領をみてもわかります。

算数で今回新しく新設された「データの活用領域」の学習指導要領では，

1年：データの個数に着目して身の回りの事象の特徴を捉える力

2年：身の回りの事象をデータの特徴に着目して捉え，簡潔に表現したり考察したりする力

3年：身の回りの事象をデータの特徴に着目して捉え，簡潔に表現したり適切に判断したりする力

4年：目的に応じてデータを収集し，データの特徴や傾向に着目して表やグラフに的確に表現し，それらを用いて問題解決したり，解決の過程や結果を多面的に捉え考察したりする力

5年：目的に応じてデータを収集し，データの特徴や傾向に着目して表やグラフに的確に表現し，それらを用いて問題解決したり，解決の過程や結果を多面的に捉え考察したりする力

6年：身の回りの事象から設定した問題について，目的に応じてデータを収集し，データの特徴や傾向に着目して適切な手法を選択して分析を行い，それらを用いて問題解決したり，解決の過程や結果を批判的に捉え考察したりする力

学年が進むにつれて，「身の回りの事象という対象に着目する範囲」が，「データの個数」から「データの特徴」，さらには「データの特徴や傾向」と**広がっていっている**ことがわかります。

また，考え方も「特徴を捉える」ことから「簡潔に表現したり考察したりする」，「簡潔に表現したり適切に判断したりする」，そして「多面的に捉え考察したりする」，最後には「批判的に捉え考察したりする」と**深まっていく**ことがわかります。

　また，「データの活用領域」においては，４年と５年が同じ目標，２年と３年は「考察したりする」「判断したりする」のところだけ違うとか，６年は最終目標のようになっているとか，６年間の目標をみることで発見することもあります。

　小学校の先生は，つい自分が担当する学年で考えがちになります。しかし，**前の学年ではどうだったのか，次の学年ではどうなるのか**ということをしっかりと確認しておくことも見方・考え方を働かせる授業をつくっていく上で大切なことです。

② 見方・考え方を確認して授業を考える

　私は授業を考えるときに，以下の２点を必ず行います。

・**単元まるごとつくる**

・**必ず学習指導要領で見方・考え方を確認する**

（なぜ単元まるごとつくるのかは，拙著『クラス全員をアクティブな思考にする算数授業のつくり方』（明治図書出版）をご覧ください）

　私は特に「見方」を大切にしています。「見方・考え方」とは，「どのような視点で物事を捉え，どのような考え方で思考していくのか」という，「**物事の特徴や本質を捉える視点や，思考の進め方や方向性を意味する**」ものです。「**物事の特徴や本質を捉える視点**」がないと子どもたち自身で学習を進めていくことができません。そこで，見方を確認したあとは，

・**どのようにその見方を持たせるのか**

・**どのようにその見方を使わせていくのか**

ということを考えて，授業をつくっていきます。

見方・考え方を働かせないと深い学びを実現することはできません。「見方・考え方」を働かせる授業を構想することは，その教科の思考・判断・表現のプロセスを通って深い学びを実現し，資質・能力の育成をすることにつながります。

③ 「知識・技能」「思考・判断・表現」のどちらが大切か

　「見方・考え方」は学習を通して育成していくものです。教師が一方的に教える授業，知識・技能重視の授業から脱却をしないといけません。そのような授業は主語が「教師」になっているため，主語が「子ども」の授業を目指していかないといけません。

　このように書くと，

「基礎・基本の力が身につかないのではないか」

「考える授業ばかりでいいのか」

という反論が必ずきます。言っていることは正しいです。23ページでも書きましたが，教師が教える場面と子どもたちに思考・判断・表現させる場面を，効果的に設計することが大切です。

　このとき，知識・技能が身についてから，思考・判断・表現させるといった「知識・技能→思考・判断・表現」という授業の流れではなく，「考えることで知識・技能が身につく」といった「思考・判断・表現→知識・技能」といった逆の流れがあるということも意識しておかないといけません。

　つまり，「知識・技能→思考・判断・表現」「思考・判断・表現→知識・技能」の両方がある**ハイブリッド型の授業が，見方・考え方を育成していくためには大切です。**

　「知識・技能が大切」「思考・判断・表現が大切」といった二項対立ではなく，どちらも大切という意識が重要です。

4 見方・考え方を育成していくために

　「知識・技能→思考・判断・表現」「思考・判断・表現→知識・技能」があるハイブリッド授業に取り組んでいくために，教師は，

・促す

・任せる

・指示をするときは指示をする，教えるときは教える，考えさせるときは考えさせるといったことを明確にする

・見方・考え方を働かせることができる雰囲気をつくる

といったことが必要不可欠です。ティーチングだけではだめです。コーチングだけでもだめです。二項対立ではなく，ティーチングもコーチングも場面によって，子どもによって使い分けるといったハイブリッド型の新たな教育観が求められています。

　見方・考え方を働かせた授業を実現するには，自分の教育観をアップデートしていく必要があります。凝り固まった考えの持ち主であった20代の私では実現することができなかったことでしょう。

　自分の教育観をアップデートするためには，詳しくは同僚である若松俊介先生の『教師のいらない授業のつくり方』（明治図書出版），『「深い学び」を支える学級はコーチングでつくる』（ミネルヴァ書房）を読まれることをオススメします。

✎まとめ

・「見方・考え方」は学習を通して成長していくもの。

・「見方・考え方」を確認して授業をつくろう。

・「ハイブリッド型」が大切。

・「見方・考え方」を育成するために教師観のアップデートが必要。

3 RPGで見方・考え方を働かせる授業について考えよう①

1 見方・考え方を働かせる授業はポケモン？

　子どもが授業で見方・考え方を働かせる姿とは，どのような姿なのか，よりわかりやすくするためにRPGで考えてみました。RPGといっても様々な種類があります。それぞれのRPGにはそれぞれの特徴があります。

　子どもが授業で見方・考え方を働かせる姿をイメージして，思い浮かべたRPGが，ドラゴンクエストやファイナルファンタジーではなく，「ポケットモンスター」です。

ドラゴンクエストやファイナルファンタジーと違い，「ポケットモンスター」は最初プレイヤーが出てきて，その後モンスターと入れ替わります。この入れ替わることから「見方・考え方を働かせる授業」だと考えました。

　61ページのイラストの奥側に見えるのが敵です。授業に置き換えると，問題や課題などにあたります。手前にいるのが，ゲームの主人公です。授業に置き換えると，問題に取り組む自分の分身です。

　ゲームでは「たたかう」「アイテム」「モンスター」「逃げる」といったコマンドを操作して，敵を倒します。授業でも，「たたかう」「アイテム」「モンスター」「逃げる」といったコマンドを操作して，問題や課題を解決しようとします。

　コマンドを選び，話を進めていくのは「AI」ではありません。コマンドを選び，話を進めていくのは，自分自身です。コマンドを選び，話を進めていくためには，ゲームの「コントローラー」を持っていないといけません。

　今，YouTube ではゲーム実況動画が人気です。YouTuber がゲームをしながら，ゲームをしている状況を説明しているという動画です。私もよくみるのですが，あたかも自分もゲームをしているかのような気がして，とても楽しめます。しかし，授業中は，ゲーム実況動画状態になっては困ります。

　そして，コマンドを選び，話を進めていくのは「教師」ではありません。そのような授業は楽しくありません。主体的・対話的で深い学びを実現することができません。

　子ども自身が学習の「コントローラー」を持っていないといけません。このコントローラーは，教師が持つわけではありません。子どもたち自身が持っているものです。誰が「見方・考え方」を働かせるのかという話にもつながってきます。

○○○○　**5年**

問題

そして、このときモンスターがたたかう

モンスターA

○○○○　**LV○**

○○があらわれた

▶たたかう　　アイテム

モンスター　　逃げる

　ポケットモンスターではプレイヤーが，モンスターと入れ替わります。この自分の代わりに問題と戦ってくれるモンスターが，授業における「見方・考え方」にあたります。

　このモンスターには，ポケモンの火属性，水属性といったように属性があります。算数科だと，「数に着目」属性，「数で表現」属性，「量に着目」属性，「図形に着目」属性，「数量や図形の関係」属性というように領域ごとの見方・考え方の属性があります。これが各教科にあります。

　ゲームと同様に，属性には相性があります。「数に着目」属性として考えないといけないところを「数に着目」属性以外の属性で考えてしまうと問題や課題を解決することはできません。

○○○○ **5年**

そういう時は、モンスターを変える
　　　自分で考えて変える→見方・考え方

モンスターB

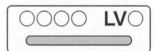

○○があらわれた

たたかう　　アイテム
▶モンスター　逃げる

　図形の問題に対して，数に着目しても考えることはできません。こういう場合は，図形領域のモンスターを変えれば，考えることができるようになります。

　しかし，モンスターを変えることを子どもたちは苦手としています。原因として，次の3つが考えられます。

①モンスターを変更してもいいことを知らない

②モンスターを自分で変えたことがない

③モンスターが手持ちにいない

　これらを解消するためには，コントローラーを持っている子どもたち自身がモンスターを変更したりすることが大切です。モンスターが手持ちにいない場合は，子ども自身がモンスターをゲットしていないのです。

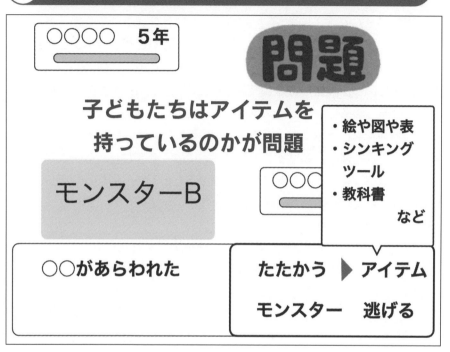

「たたかう」ことをサポートしてくれるのが，アイテムです。学習における「アイテム」とは，絵や図や表，シンキングツール，過去のノートや教科書や資料集などです。

アイテムを使用したからといって，敵を倒せるわけではありません。アイテムを使用した上で戦います。アイテムを使用することが目的にはなりません。敵を倒すことが目的であるため，そのための手段でしかありません。この後のページで書きますが，アイテムを使うことが目的の授業があります。

ICT も「アイテム」です。アイテムなので ICT を使う授業もあれば，使わない授業もあります。ICT を使うことが目的ではありません。子ども自身が見方・考え方を働かせるためのアイテムとして使っていきます。

5　逃げるとは

　実際のゲームでは，「逃げる」というコマンドを選ぶと，そのバトルから逃げることができます。場面によっては，逃げることができないこともあります。逃げるときには，「HP が少ない」「今のレベルでは敵に勝つことができない」といった理由があります。逃げたあとは，HP を回復したり，レベルをあげるために様々なモンスターと戦ったりします。

　授業場面では，どうでしょうか。「逃げる」というコマンドを選んでも，実際のゲームと違い，逃げることは基本的にはできません。教室という１つの箱からは逃げることができません。逃げるとしても，何か妄想をして，自分の世界に行くぐらいしかできません。私も小学生のとき，野球ゲームの妄想をして，自分の世界に行っていました。

　「逃げる」というコマンドを選択をする理由は，
・問題・課題ができない，わからない
・学習が自分事になっていない
ということが考えられます。ゲームでは逃げたあと，ゲームを進めるためにHP を回復したり，レベルをあげるために様々なモンスターと戦ったりしますが，学習の場合は「復習をしたり」「違う問題を解いたり」する子はほとんどいないでしょう。逃げても「復習をしたり」「違う問題を解いたり」するのであれば，全く構いませんが，多くの場合は，あきらめてしまいます。

　「逃げた」あとにどのような行動を取るのかということを教師が教え，取り組ませることも大切です。

✏ まとめ

・学びのコントローラーを持つのは「子ども」。
・見方には相性がある。
・ICT は「アイテム」。ICT を使うことが目的ではない。

4 RPG で見方・考え方を働かせる授業について考えよう②

1 ゲームでされて嫌なこと

ゲームは，周りの人から「指示」ばかりされるとイライラしてしまう

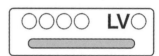

○○があらわれた

▶たたかう　　アイテム

モンスター　　逃げる

　1度の戦いで，敵を倒せないことや，何度も「たたかう」というコマンドを選んで，ようやくモンスターを倒せることもあります。学習でもそのような場面はあります。それが粘り強く取り組んでいる姿です。

　モンスターを何度も変えて戦ったり，アイテムをたくさんを使って戦って倒せたりすることもあります。倒すことができないということもあるかもしれません。こういった姿が授業における試行錯誤している姿です。

　ゲームが好きな人には共感してもらえると思いますが，ゲームをしている

後ろから，「これは○○するんだ」「○○の弱点はこれだよ」などと言われることは，ゲームをするプレイヤーのやる気を削ぐ行為であり，とてもうっとうしいと感じることです。

私が小学生のときは，「なんでそんなことを言うんだ」と反論したものです。すると，「あなたのことを思って……」「もっといい方法があったから……」というありがた迷惑な答えが返ってきて，よく喧嘩になったものです。

授業場面に置き換えてみましょう。後ろから，「これは○○するんだ」「○○の弱点はこれだよ」などと言う人は誰でしょうか。多くの場合は，「先生」です。先生がアドバイスのつもりで言ったことが，その子にとってはありがた迷惑なときがあるかもしれないということです。その子のことを思い言ったとしても，逆効果ということです。プレイヤーにアドバイスやヒントがほしいといった必要感がなければ，余計なお世話になってしまいます。

ヒントを言うとき，全員同じアドバイスやヒントになっているということもあります。アドバイスやヒントも最後まで言ってほしい子もいれば，少しのヒントだけでいい子もいます。子どもによって進み具合は違います。進み具合によって，アドバイスやヒントの内容も異なるはずです。

子どもたちの中には「これは○○するんだ」「○○の弱点はこれだよ」と言われて，その通りにする子もいることでしょう。しかし，こういった子たちは見方・考え方を働かせているとは言えません。

2　ゲームで困ったときには

ゲームを進めていく上でなにか困ったことがあったときには，私が小学生のときは「攻略本を見ること」や「友達に聞いたりすること」でなんとかゲームを進めようとしました。今の子どもたちは，「攻略サイトを調べること」，そして「友達に聞いたりすること」でしょう。中には「攻略本（サイト）を見ること」や「友達に聞いたりすること」をすることなく，自力でとにかく頑張ろうとする子もいます。

では，授業場面に置き換えてみましょう。問題・課題が解決できないとき，子どもたちはどうするのでしょうか。「攻略本（サイト）を見ること」や「友達に聞いたりすること」ということをしているでしょうか。「逃げる」というコマンドを選択したときと同様に，学びのコントローラーを置いてしまい，何もしない，あきらめてしまうということも多く起きます。

　授業場面では，「攻略本（サイト）を見ること」や「友達に聞いたりすること」の代わりに，

・友達や先生に相談する

・前の学習を見返す

・調べたり，検索したりする

などの方法を駆使して，取り組んでいくことが求められます。

③ 学びのコントローラーを置いてしまう2つの原因

　学びのコントローラーを置いてしまい，何もしない，あきらめてしまう子になってしまう原因の1つが，「困ったときにどうしていいのかわからない」ということです。困ったときに，上のようなことをすればいいということがわかれば，子どもたちは自ら動き出せるようになります。

　そしてもう1つが「自力解決」の考え方です。「自力解決」という1人で取り組む時間があります。授業参観の際，「今から10分間は1人で考えます。話をしたらだめです」というときにわからなくて隣の子に相談した子を「今は相談する時間ではありません」と叱った先生に出会ったことがあります。

　確かに，自力解決では「子どもたち1人で考えさせたい」ものです。しかし，考えを持つことができない子たちは，10分間，何も相談することもできず，過ごさないといけません。その子にとってその時間は何の学びもありません。そういった子も学んでいけるような時間にしていかないといけません（詳しくは拙著『子どもの問いからはじまる授業！』（学陽書房）をご覧ください）。

見方・考え方を働かせる授業の実現のために，困ったときに自ら動き出せる子の育成は必要不可欠です。

4 勝手にできるようにはならない

・友達や先生に相談する
・前の学習を見返す
・調べたり，検索したりする
などの方法を駆使して，自ら動き出せる子には勝手にはなりません。

　樋口学級でも，5年生の4月はなかなか動き出せる子は少なかったです。しかし，子どもたちが困っている場面で，何度も「友達や先生に相談すること」や「前の学習を見返して考える方法」や「調べたり，検索したりする方法」を確認し，取り組ませていきました。また，「困った子がいたときには見捨てない，助け合う」ということを合言葉に取り組んでいきました。すると，2ヶ月後には教師が何も言わなくても友達や先生に相談したり，前の学習を見返したり，調べたり，検索したりすることができるようになりました。

　このように，こういった方法を使う経験や，何度も繰り返して取り組む経験を積ませることで，子どもは自ら動き出すことができるようになります。

まとめ

・アドバイスやヒントは，それがほしいといった必要感がなければ，余計なお世話。
・経験を積ませることで自ら動き出せる子になる。

5 ICT を活用する教師側のよさ

1 授業の支援が変わる

　ICT を授業で活用しはじめると，ICT がない授業に戻りたくなくなります。理由は，「授業の支援」「働き方」が変わるからです。まずは，「授業の支援」について説明していきます。

　1つ目は，子どもたちの考えをより把握しやすくなるということです。これまでは，教室の中をグルグル周り，子どもたちの実態を把握していました。しかし，アプリにある提出箱に自分の考えを提出してもらうだけで，クラス全員の考えを把握することができます。1人の子どもを指導しながら，片手に持っているタブレット PC で他の子どもたちの考えを把握することもできます。

　例えば，わかった子はピンク，まだ自信がない子はブルーのカードを出すようにしたり，わかったらカードのピンクを送り直したりすることで，一目で子どもたちの状態がわかるようになります。

ピンク	ピンク	ブルー	ピンク
14分44秒前	14分43秒前	14分33秒前	14分30秒前
ピンク	ブルー	ブルー	ブルー
14分05秒前	14分04秒前	14分03秒前	13分54秒前

2つ目は子どもの評価を即時に行えるようになるということです。アプリにある提出箱に，子どもたちの表現物を提出してもらいます。提出した子どもたちの表現物にコメントや朱を入れて，すぐに返信をすることができます。すぐに返信できるということは，子どもたちはすぐに考え直すことができ，再度提出することができるということです。

　私の場合は「Ｓ・Ａ・Ｂ」という３段階の評価をつけたり，コメントを書いたり，線を引いたりしています。紙やノートだと，集めてコメントを入れ，返すまでに時間がとてもかかります。圧倒的に時間が短縮されます。そのため，紙やノートのときに比べ，子どもたちの学びのスピードが早くなります。

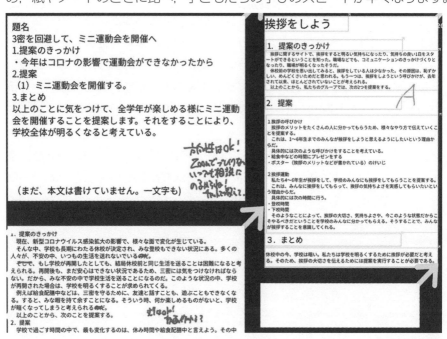

2 働き方が変わる

　次に「働き方」についてです。

　1つ目は，授業準備の時間を短縮することができるということです。使用したいプリントがあった場合，これまでは印刷機で印刷していたのを，ICTではボタン1つで複製することができます。ワークシートづくりもタブレットPC上で完結します。そのため，大幅な時間短縮が可能です。下のワークシートは5分もかかりませんでした。

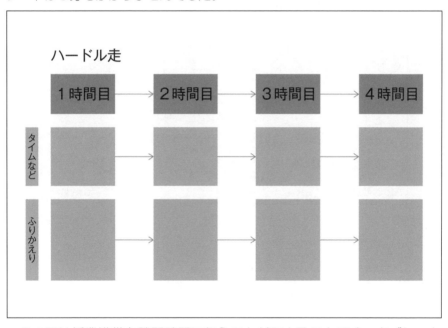

　2つ目は授業準備を隙間時間に行うことができることです。タブレットPCに教科書をデータ化したものを入れておけば，電車に乗りながら，教材研究を行ったり，教材をつくったりすることができます。わからないことがあれば，タブレットPCで情報を検索し，蓄えておくことができます。授業に必要な画像や動画があれば，タブレットPCに蓄えておくことができます（私はi文庫HDというアプリを使用しています）。

下の写真は，私がアプリ（「MetaMoJi Note」「GoodNotes 5」を使用して
います）に書いている授業ノートです。上には板書計画，下には授業の流れ，
発問を書いています。これを各教科で行っています。ノートだと数冊にも及
びますが，タブレット PC だと 1 つに収まります。

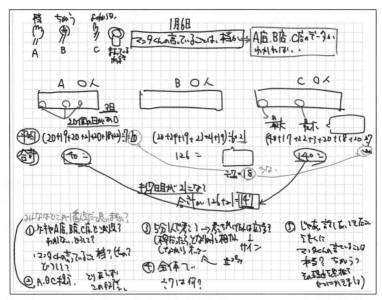

　授業後には，板書の写真を貼りつけておいたり，反省点などを色を変えて
書いておいたりすることができます。

　また，保存することができるため，これまでの学年のノートをデータとし
て入れておけば，いつでもみることができます。

　3つ目は，実践の交流を手軽にできるということです。私は，LINE グル
ープで学習会をいくつかつくっています。そこに思いついた授業を投稿する
と，仲間がその投稿に対して，様々なアドバイスをくれたり，必要な情報を
送ってくれたりします。

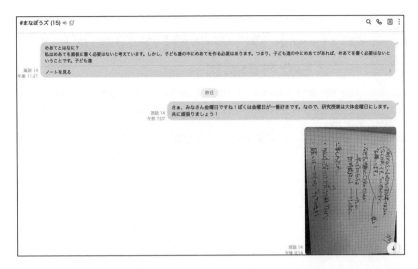

#まなぼうズ (15) 🔊 🗒

> めあてとはなに?
> 私はめあてを黒板に書く必要はないと考えています。しかし、子ども達の中にめあてを作る必要はあります。つまり、子ども達の中にめあてがあれば、めあてを書く必要はないということです。子ども達
>
> 課題 14
> 午後 11:21
>
> ノートを見る ＞

昨日

> さぁ、みなさん金曜日ですね!ぼくは金曜日が一番好きです。なので、研究授業は大体金曜日にします。共に頑張りましょう!
>
> 課題 14
> 午後 7:07

課題 14
午後 8:14

みんなでまなぼうヤ! with ボウズ (182) 🔊 🗒

> 教科書を忘れた子がいたら、その子が見せてという前に教科書をみせよか?と言っていることがすごいという感想を昨日言っていました。
> さらには、
> スピーチを考えるあまりに、地面に座りながら考えていることを容認することがすごいとも言われました。
> 後者の姿をどうみるのか、そこに教師観が出てくるんだなと思いました。
> 今年はコロナの影響でしていませんが、教室の一部にマットをしいたり、畳を敷いたりしています。
> グループでなにか作るときは、そこで話し合うことを認めていました。中には寝転んでいることも。真剣に取り組めたら、それで良いと思っています。
>
> 課題 177
> 午前 8:59

10.23(金)

> おはようございます。金曜日です。
>
> スピーチについて考える時間を設けました。そこで、ぼくは考える・教えるということが嫌いと言っている子がいました。
> じゃあ、何が好きなのってきくと、「つくる」が好きと。
> でも、しばらくすると、「つくるためには教えるとか、考えるが必要な、、、」ということを言い出しました。
>
> 何を教えるのか、考えさせるのか。
> 事実(知識)なのか、概念なのか、原理なのか、、、。そこを整理するとこちらも見えてくるものがあるのかもしれません。一緒に悩もうと思います
>
> 課題 177
> 午前 6:57

10.24(土)

> おはようございます。
> 今日は昼からセミナーがあります。が、まだ納得のいく内容ができておらず、、、。
> 現実逃避で来週のプレゼンを作っておりました。
> うーん。とりあえずお風呂入って、ボウズにして、気合を入れてきます
>
> 課題 176
> 午前 9:27

✏️ まとめ

・子どもの考えの把握，即時評価ができるため授業の支援が変わる。

・場所，時間を問わず授業を考えることができるため，働き方が変わる。

1 子どもが考えるタブレット PC を使用した授業のよさ

　樋口学級の子どもたちに「タブレット PC を使用した授業のよさ」という
アンケートを実施しました。子どもたちがどのように感じているのか，子ど
もに聞くことがベストです。次のような回答がありました。

・自分の考えを共有しやすい，発表しやすい，まとめやすい・何ページでも
　だせるから好きなだけかける
・チャート，表，グラフなどもだせるから整理がしやすい
・みんなで共同作業もできる
・普通なら紙が何十枚。何百枚といる様な仕事も，少しの容量で，保存でき，
　紙なら燃えてそれっきりだが，iCloud などに保存したデータなら滅多な
　ことがないと消えない
・絵などを描くときも，紙がくちゃくちゃになる事なく，綺麗な絵を描ける
・カバンの中身が軽くなる
・大人になってからもする，スライドを用いたプレゼンができる
・自分だけの世界で学べる
・場合によってはキーボードのほうが書くスピードは速い
・学びのデータを素早くまとめ，またはアプリを用いてグラフにまとめるこ
　とも簡単にできる
・共有などをしやすい（ノートだと字が小さくなるし，Apple TV などだと
　共有して描いたり（書いたり）消したりしやすい）
・送りあえるので，相手のノートを書き写したりする必要がない
・自分の意見を提出などしてすぐ先生に伝えることができる

・とりあえず授業効率がとても良い。理由は，プリントをいちいち配っているよりクラス全員に送る機能とかがあればすごく早くなる。ミラーリングなどをすれば大きい画面に映し出せて，みんなが見れる

・調べたいことをすぐに調べられる

・今年の休校の時間もオンライン授業で不便なく使えて授業もしっかりできたのでそこもよかったです

・様々なアプリを導入することでそのときにあった使い方ができる（コロナ→オンラインでロイロノートを使うと家でも学校でも同じノートを開くことができる）

2 9つに分類

　子どもたちはたくさんの「タブレット PC を使用した授業のよさ」を書いてくれました。そこで，「ICT を活用した教育の推進に関する懇談会（文部科学省）」をもとに以下のように分類をしました。

---

①場所・時間を問わずに取り組める
②情報を送り合うことができる
③自分が必要な画像や動画などのデータを蓄積できる
④自分の考え・動きを可視化できる
⑤友達の考えをすぐに知ることができる
⑥子どもたち自身で考えを比較することができる
⑦子どもたち自身で考えを整理することができる
⑧子どもたち自身で考えを分析することができる
⑨子どもたち自身で考えを構造化できる

次のページからはこの9つについて説明をしていきます。

7 ICT を活用することで子ども側が感じるよさ

1 場所・時間を問わずに取り組める

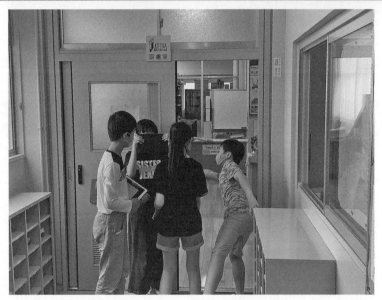

　総合「1年生に学校紹介をしよう」という学習では，子どもたちはタブレット PC を持ち，紹介したい場所に行き，調査を始めます。教室に戻ることなくその場でどのようなことを紹介しようかと話し合ったり，どのような写真がいいのかを話し合ったりと子どもたちは場所を問わずに活動します。

　新型コロナ対策による休校中，オンライン授業を実施していました。教室という「みんな同じ場所」ではなく，子どもたち一人ひとり「違う場所」で，学習に取り組んでいました。また，時間を問わずに自分のペースで締め切りに間に合うように課題に取り組んでいました。

② 情報を送り合うことができる

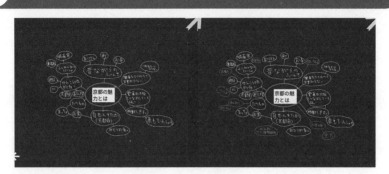

　総合「ベレアの子たちに京都の魅力を伝えよう」の学習では，まずは個人で「京都の魅力」について考えました。その後，グループで交流する時間では，いいと思った考えを送り合うという活動を取り入れました。送り合った考えを自分の考えにつけ加えていくことで，自分の考えをアップデートすることができます。これは，紙のノートではなかなか取り組めないことです。

　算数科で，分数÷分数の活用問題として，以下のような問題に取り組んだときには，子どもたちはグループで答えの担当を決めて取り組み，自分の考えができるたびに式を送り合っていました。紙のノートをみせることや口で伝えることでは，相手の行動を止めてしまう可能性があります。タブレットPCの場合は，それがありません。

【問題】

$\dfrac{1}{2}$，$\dfrac{1}{3}$，$\dfrac{1}{6}$の3つの分数カードがあります。

そして，＋，－，×，÷，（　）の記号カードがあります。

この3つの分数カードと記号カードを組み合わせて，1〜9までの整数が答えとなる式をつくりましょう。

---

3 自分が必要な画像や動画などのデータを蓄積できる

５年理科「振り子の動き」の学習では，

> ブランコに乗る人や振り方をかえたときのブランコが振れる様子，実験
> 用振り子の動きを観察して，振り子が１往復する時間には何が関係して
> いるのかを明らかにし，説明することができる。

という課題を解決するために，子どもたちは実験の様子の動画を撮り，その
動画を比較したり，何度も見直したりして考えました。

　この時間の動画は，これ以降の時間の学習で考えるためにも大いに役立つ
ものになりました。

　自分が必要だと感じない情報は選択されません。選択するためには，その
情報が必要かどうか自分自身で判断していくことにもなります。

　体育科では，自分の走っている様子やボール運動の様子を可視化することができます。上の写真はハードル走の様子です。

　友達から「もっと足をあげないと跳べないよ」「踏み切り位置は……」と言われても，自分のなかでは「足をあげている」「踏み切り位置が適切」と思っているとそのアドバイスを素直に聞けなかったりします。しかし，動画があるとそれが根拠になるため，あとどれくらい足をあげたらいいのか，踏み切り位置が適切かどうかといった改善策を見出すことが自分たちでできます。

　国語科であれば，自分が音読をしている様子の動画を撮り，音読の様子を見てみます。自分では抑揚をつけたり，間を意識して空けていたつもりでも，実際の動画ではそうなっていなかったということもあるでしょう。動画を見ることで，自分の改善点を見つけることができます。

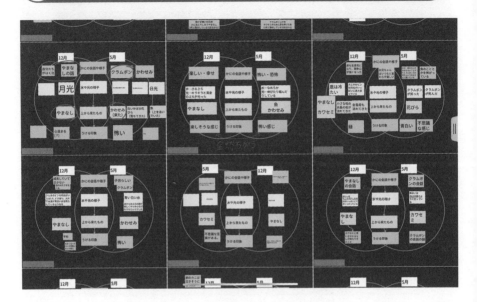

　提出箱では，他の子の考え方を知ることができます。「少し自分の考えが不安……」「他の子はどのような考え方をしているのか知りたい」と思う子たちは，提出箱をみることで，自分の考えに安心したり，アップデートしようとしたりします。これまでの授業では，全体で考えを交流するときにしか，他の子たちの考えを知ることはできませんでした。

　また，俳句や川柳の作品を提出箱に入れておけば，すぐに他の子の作品をみることができ，お互いの感想を言い合うこともできます。通常の授業で行っていた，黒板に書いたり，みんなの作品をうつし出したプリントを配布したりといったことがなくなります。

　この提出箱は教師によって，他の考えをみることができるのか，できないのかを調整することができます。ここではみせたくないというときは，みせないようにすることもできます。

6 子どもたち自身で考えを比較することができる

　私が考える ICT を使う最大のよさは，子どもたち自身が考えを比較したり，考えを構造化したりすることを実感できることだと考えています。

　上の写真は，国語科で説明文の段落構成について考えている写真です。この授業では，まずは子どもたちそれぞれがタブレット PC 上で「はじめ・なか・おわり」に段落を分けました。

　その後，グループでお互いの段落構成を比較した後に，グループで一つ，段落構成を決定しようという活動を行いました。

　タブレット PC 上の段落のカードを動かしながら，この段落はどこに入るのか，入る理由・入らない理由などを話し合っている写真が上の写真です。これはノートではできない活動です。

　段落構成の学習は，苦手な子が多い学習ですが，この方法であればどの子も積極的に取り組むことができます。

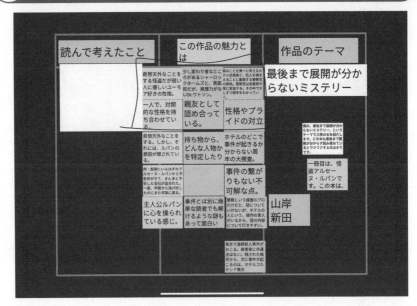

　国語科「ブックトーク」を行うことにしました。ブックトークをするために，テーマを決め，テーマをもとに自分で本を数冊選んできます。

　そして，１冊ごとに本で「紹介したいこと」を個人でカードに思いつく限り，書き出しました。

　その後，紹介する内容を選択，紹介したい順にカードを並び替える活動を行いました。使用するカードもあれば，使用しないカードもあります。どのような順番にすれば，相手に伝わりやすいのか，自分の判断で整理していきます。**大量の情報を蓄積することができる一方で，必要ではないと判断をした情報は捨てることができます。**このように，タブレットPCを使用すると自分の考えを整理することが簡単です。

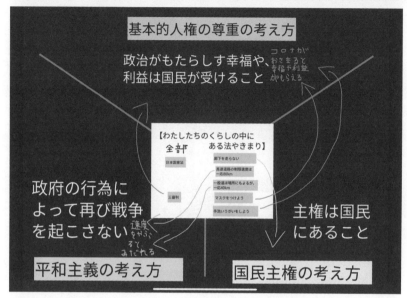

8　子どもたち自身で考えを分析することができる

6年社会「わたしたちのくらしと政治」の導入場面では，

①わたしたちのまわりにある法やきまりを一人ひとり思いつく限り書き出す。

②わたしたちのまわりにある法やきまりは，日本国憲法に基づいていること
を知り，日本国憲法の3つの原則「国民主権」「基本的人権の尊重」「平和
主義」についての調べ学習を行う。

③①で書き出した法やきまりが3つの原則「国民主権」「基本的人権の尊重」
「平和主義」のどこに関連づいているのかを分析する。

という流れで行いました。子どもたちは，分析するための視点があれば②で
調べてきたことと関連づけながら，自分たちで考えを分析していくことがで
きます。

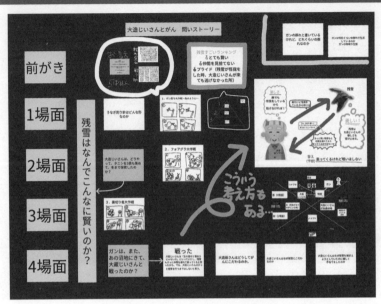

　上の画像は，5年「大造じいさんとがん」の学習で，最後の課題に取り組むために，単元の学びを1枚のカードにまとめ構造化したものです。子ども自らが考えてきたことを整理したものです。よくみると，Xチャートがあることがわかるでしょうか。タブレットPCだと1時間目の表現物を自分の表現物のなかに入れ込むように使用することができます。前時の学びと本時の学びを関連づけていることにもなります。

　このように自分たちで構造化させていく，つまり学びを自分の力で深めていくことができるのです。これらは，紙のノートでは到底できないことです。

8 ICT を活用する段階とは

1 もうすでに私たちは，ICT を活用している⁉

　私が授業で ICT を活用し始めたのは，今から16年前です。教職１年目の
ときに，NHK の授業動画を活用しながら，授業を進めていました。

　このように書くと，「16年も前から⁉」「NHK の授業動画をみることが活
用なの⁉」「NHK の授業動画を使うことを活用と言うのなら私もしている
よ」と思われたことでしょう。

　ICT を活用した授業はここ最近だけの話ではなく，10年以上も前から行
われていることです。今，日本全国で毎時間ではなかったとしても，授業動
画などを全く使用しない教室はほぼないことでしょう。実は，もうすでに私
たちは ICT を活用した授業をし始めているのだと思ってください。

　このように書くと，みなさんが思われていた ICT を活用した授業とのイ
メージにギャップが生まれることでしょう。ICT を活用した授業には，以
下のようなステップがあります。

---

①教師が教具として活用している段階
　教師が授業動画をみせたり，問題を提示したり，デジタル教科書を使
用したりしている。
②子どもたちが文具として活用している段階
　ノートのように，１人で自分の思考を可視化していたりしている。
③学びを個別化・協働化していく段階
　クラウドを活用し，複数で協働して課題に取り組んでいる。

　どれだけ教師がプログラムを組めてアプリをつくれても，どれだけわかり
やすいパワーポイントをつくったとしても，YouTuber 顔負けの動画をつく

れたとしても，それは①です。どれほど ICT に精通している人，エキスパートだったとしても，教師が教具として使用をしているのなら，①です。

　子どもたちが1人1台活用しようとしている段階は①以上のものになります。これからの時代で求められているのは②③です。

　「ICT の扱いが苦手」だから取り組めないという話を聞きますが，私も最初は，「ICT なんて」と思っていた人でした。スマホも持ち始めたのも，少し遅かったぐらいです。エキスパートになる必要はありません。子どもたちと一緒に成長していくという感じで構いません。「ICT の扱いが苦手だから」と逃げるのをやめませんか。

2　①と②の間から始めよう

　「①教師が教具として活用している段階」と「②子どもたちが文具として活用している段階」の間に，タブレット PC 1〜数台を使っている段階があります。私は今の学校に赴任するまで，1教室で1〜数台でも十分に効果的だということを提案してきました。

　教室にある大型モニターに Apple TV でタブレット PC を繋いでおけば，タブレット PC の画面が映し出されます。そのため，タブレット PC を発表したい子に渡せば，その子はタブレット PC に書き込みながら，発表することができます。

　②より前にタブレット PC 1〜数台を使って授業を行うと，抵抗なく②に取り組めるようになるかもしれません。

✎ まとめ

・ICT を活用した授業には，3つの段階がある。
・1〜数台を活用した授業を入り口にしよう。

9 1人1台ではない授業

1 1人1台でなくてもいい

　現在，樋口学級は1人1台タブレット PC という環境です。しかし，1人1台ではなく，グループで1台というように取り組むときがあります。

　例えば，体育科のリレーの学習では，クラスを6チームにわけ，各チーム，タブレット PC 1台という環境で行います。全部で6台です。

・グループのメンバーの50m走の平均タイムはほぼ同じであること
・バトンをスムーズに受け渡すことがリレーで勝つためのコツである
という2点を伝え，学習を進めていきました。

　授業は「最初にリレー勝負→チームごとの練習→リレー勝負→振り返り」という展開で行いました。

　チームごとの練習では，「バトンをスムーズに受け渡すことがリレーで勝つためのコツ」と言っているため，私が指示をしなくてもタブレット PC 端末を使い，以下の手順で活動をしていました。
①自分のバトン渡しをタブレット PC でうつす
②バトン渡しの様子をグループのメンバーとみる
③よかったところや改善点を言い合う
④改めてバトン渡しを行い，改善点を改善できたのか確かめる
（①〜④を繰り返す）

　以下は単元を終えた子どもたちの感想です。
・自分のバトン渡しをみることができて，とてもわかりやすかった
・頭で思っていた動きと少し違った
・自分の直すところがわかった

　体育科では，「頭」と「身体」の橋渡しをするひとつの手段としても ICT

を活用することができます。他にもマット運動の学習，ボール運動でも利用することができます。

　最近の樋口学級では，見学者が動画を撮り，その動画をみて自分の動きを改善していく姿を多くみかけるようになってきました。しかし，動画もただ撮るだけでは改善につながりません。足の動き，高さといった視点を持つ必要があります。視点を持って動画を撮ることは，動画を撮る人の学習にもなります。途中で怪我をしてしまい，「タグラグビー」ができない子がいました。以下の感想は，その子が書いた感想です。

> 私はタグラグビーはほぼ見学でした……。でも，見学だからこそみんなが成長しているのがよくわかりました！　みんなタグをとるタイミングとかボールのパスの仕方とか，すごく上手になっていました‼　本当は私もボールを追いかけたかったけど，みんなが精一杯頑張っていたのでオールオッケーと思っています（笑）。

② 制限することで生まれる対話

　もし上の体育のリレーで1人1台タブレット PC で学習を進めていったら，どうなっていたでしょうか。バトン渡しのよかったところや改善点をグループで言い合うことがなかったかもしれません。グループで言い合うことがないと自分の視点のみになり，自分では気づくことができなかったことなどは知ることができずに終わってしまう可能性があります。

　タブレット PC の台数を制限することによって，生まれる対話もあります。

✎ まとめ

・1人1台の授業がいいというわけではない。学習内容によって台数を制限することで生まれる対話もある。

10 ICT を活用するときの注意点
～文具として使えるように～

1 文具のように使えるようになるために

　「子どもたちが文具として活用」できるようになるためには，注意点があります。「文具」の一種である「はさみ」を例に説明していきます。

　子どもたちのお道具箱に必ず入っている「はさみ」を，

①教師が許可したときに，教師の指示通りに使う

②必要な場面で子どもたちが判断して使用する

　①と②のどちらの方が「子ども」ははさみを使えるようになるでしょうか。

　これは間違いなく②です。タブレット PC の場合も同様です。タブレット PC も教師が許可したとき，指示通りに，ではなく，②のように使い，経験を積んでいく必要があります。そうしない限り，子どもたち自身で活用することは無理でしょう。しかし，①のように，

「今からタブレット PC を出しましょう」

「今は必要ないのでタブレット PC をしまっておきましょう」

という，教師が許可したときにだけ使用する状況が，日本各地で多く起こるのではないかと危惧しています。これでは，教師の都合によりタブレット PC を使用させることになり，子どもたち自身が活用しているとは言えない状態です。この状態を続けると，高学年になっても活用できない子になってしまいます。タブレット PC を活用するためには，必要な場面で子どもたちが判断して使用する経験を積むことが必要不可欠です。

　高学年の教師から「クラスの子どもがノートを書く力が弱い」という相談を受けることがあります。高学年の子たちがノートを書く力が弱い理由は，ノートを自分で書くという経験を積んでいないからです。

すでに子どもたちは ICT を文具のように使用しているかもしれません。

新型コロナ対策による休校で，子どもたちの学びを止めないために，Zoom や Google Meet などのビデオ会議ツールでのオンライン授業を教師が模索していたとき，子どもたちの中にはすでにゲームでオンラインでつながっている子もいました。オンラインでつながり，ゲームをしながら会話をしていました。進学塾や通信教育でもすでに，タブレット PC を使用した授業やビデオ配信の授業は行われており，子どもたちの中にはそういったことを体験している子もいます。YouTube をみているという子も多いでしょう。

私たちが思っている以上に，子どもたちは ICT を使うことができます。

ある日，画面を左はスライド，右はメモというスプリットビューで取り組んでいる子がいました。発表するためのメモを書きながら，スライドをつくるという大人顔負けの取り組み方です。しかし，私はこの子に教えた記憶がありません。友達や親がしていたことを真似しているのです。

子どもたちは基礎・基本的な操作を覚えると，自分が使いやすいようにどんどんアレンジしていきます。

　上の写真は授業の最後にまとめをしている場面です。まとめを書いているスライドの上に，これまでに使用してきたスライドをのせ，それを見ながら書いている写真です。「見にくくないの？」と聞いたところ，まとめるときにとてもわかりやすいという返事がありました。

　このように**自分で使いやすいように使うことは，どんどん認めていくべきことです。こちらの想定を超えたとしても認めていくこと**が大切です。

　ICT が苦手な教師もいます。自分一人でなんとかしようとするのではなく，**子どもの力を借りる**ということも大切です。私も「〇〇さん，決定した日直の順番の写真をみんなに送っておいて」とお願いすることが多々あります。

✏️まとめ

- ・必要な場面で子どもたちが判断して使用する経験を積むことが必要不可欠。
- ・自分で使いやすいように使うことは，どんどん認めていくべきこと。
- ・子どもの力を借りよう。

11 ICT を活用するときの注意点 〜タブレット PC の使い方が心配〜

1 「タブレット PC を使用するときの約束事」って必要？

　「必要な場面で，子どもたちが判断して使用する経験を積むために使わせる」となると，気になるのがタブレット PC の使い方です。タブレット PC の使い方を心配する教師，保護者はとても多いです。そこで，「タブレット PC を使用するときの約束事」をつくる学校がとても多いです。以下の「タブレット PC を使用するときの約束事」はいくつかの学校でみたものです。

①タブレット PC を使うときは貸し出しノートに書く

②タブレット PC は大切に扱いましょう

③タブレット PC を使う前は手を洗いましょう

④画面は強く押さずに軽く押しましょう

　これらの約束事をみたとき，「こんな約束事いる？　別にいらないんじゃない？　大切なことはそこではないでしょう」と私は正直に思いました。

　タブレット PC を使用するルールをガチガチに設定している学校があります。気持ちはよくわかりますが，ガチガチに設定しすぎると，タブレット PC を使用する経験を積めなくなります。そこで，次のような最低限のルールを設定し，取り組んでいくことを提案します。

①学習と関係のないことに使用しない

②休み時間は使用しない（使用するときは教師の許可）

③相手が傷つかないような使い方をする

（②はなくてもよい）

という３つのルールをそれぞれの学年に応じて，わかりやすく説明していきます。トラブルが起きたときには，タブレット PC が使えなくなるという話もします。ただし，連帯責任で全員が使えないといったことにはしません。

子どもたちとタブレット PC を使用するときの約束事を話し合って，決定してもいいかもしれません。自分たちで決めることで，他人事ではなく自分事になり，その約束を守ろうとすることでしょう。

2　学習と関係ないことはしないという基準

　「1 人 1 台」が実現したとき，子どもたちは全員がタブレット PC を持っています。貸し出しノートという概念がなくなります。それでも貸し出しノートを続けることは，現実的ではありません。タブレット PC を使用させたくない，管理しようとしすぎ，という状況です。

　本校，樋口学級では学校から帰るときに充電し，登校したら自分のタブレット PC を持っていくようにしています。

タブレット PC を立てているものは100均で購入したファイル立てです。100均でも十分なものができます。

　Apple Pencil も同様に，帰るときには，一箇所に集めるようにしています。

　一箇所に集めるのは，タブレット PC の管理がしやすいからです。タブレット PC の使い方の管理ではありません。タブレット PC の画面の壁紙が変わっていないかなどをすぐにチェックすることができるからです。この後にも書きますが，私は**タブレット PC の使い方の基準として，「学習と関係のないことはしない」**ということを4月説明にします。

　タブレット PC の画面の壁紙を変えることは，これから起きる大きなトラブルの前兆やきっかけ，何か子どもの気持ちが安定していない証拠というように感じています。そこで，壁紙を変えている子がいたら，「学習と関係のないことをしているよね」ということを告げ，叱ることなく私はタブレット PC を取り上げます。

　授業でタブレット PC がその子は使えません。しかしタブレット PC がなく，学習が進まなくなるようなことは，教師として行ってはいけません。そこで，ノートで代わりにさせたり，印刷しておいたシンキングツールを渡したりして，フォローをするようにしています。

　子どもが自ら，「〜ということが悪かった。次は〜というところに気をつける」ということをしっかり話しにきたら，タブレット PC を返すようにしています。ただ，**「仏の顔も3度までだよ」**という話もしておきます。3度目以降はかなり厳しく叱ります。

　子どもたちはタブレット PC がないと，学びのスピードが落ちると実感します。また周りの目も気になり，教師が叱らなくても，子どもたちは反省をします。それほど，子どもたち自身は，タブレット PC を使い始めると利便性を実感しているものです。

3　誤魔化す子もいる

　時々，「何もしていません」と誤魔化そうとする子に出会います。そういう場合は，「履歴」をみるようにします。「履歴」をみればどのサイトにいっていたのかわかります。しかし，操作になれている子どもは，「履歴」を全部消す子がいます。そういった場合でも，

・学習と関係のないことをしていたら動きや雰囲気でわかる

・真っ白な履歴はありえない

といったことを言い，毅然とした態度をとるようにしています。

　話を戻します。「タブレット PC を使用するときの約束事」の②～④についてです。これらを約束事にしたい気持ちはよくわかりますが，「画面は強く押さずに軽く押す」ことなどは，はじめてタブレット PC を触る子は知らないだけかもしれません。都度アドバイスをしたらいいだけの話です。

　本書にこれまで書いてきたように，私たち大人が思っている以上に子どもたちはタブレット PC を使用したときによさを実感し，大事に思っています。タブレット PC を使用した方が何倍も学習が楽しくなることも実感しています。勉強が嫌いだった子でも，「タブレット PC を使えるの!?」と楽しみにしている子もいました。タブレット PC というだけで，子どもたちはゲームをするようなワクワク感が出てくるのかもしれません。学びに使えるという期待感につながるのかもしれません。だから，あえて必要以上の約束事は必要ありません。

　タブレット PC が故障したとき，画面が割れたときにどうするのかは，事前に考えておいたほうがよいです（学校レベルではなく委員会レベルの話かもしれませんが……）。

　ふざけてタブレット PC を使用していなくても，壊れてしまうことはあります。それはタブレット PC に限らず，はさみやのりや下敷きなどの文具でも同様です。タブレット PC だから特別にこういうことが起こるというわけではありません。

4 文具として考えると……

　子どもにタブレット PC を持たせると説明書をみることなく，どんどん使いこなすほどの簡便さがあります。**簡単だからこそ LINE の既読スルー，ネットの掲示板へ悪質な書きこみをするなどの，他者のことを意識せずにおもちゃのように使うことで相手を傷つけてしまう問題**が起こってしまいます。このため，タブレット PC の悪用が危険ではないかと考える教師，保護者が多くいることは事実です。

　しかし，紙を切るのにはとても効果的なはさみも，はさみを振り回してしまうと周りの子が怪我をする恐れがあります。はさみのような「文具」も誤った使い方をすると相手を傷つけてしまうのです。結局は，使用者の使い方次第です。

　タブレット PC を使用していくときに，情報を正しく活用していく態度の「メディアモラル」，情報を得る力・情報を正しく活用する力の「メディアリテラシー」ということが必ず話題になります。

　最近では，学校で子ども向けのメディアモラルやメディアリテラシーのワークショップを行うところもあります。道徳の教科書にもメディアの使い方について掲載されています。

　こういった経験はメディアモラルやメディアリテラシーを育てていく上で必要不可欠です。ただし，メディアモラルやメディアリテラシーの話を聞いたり，ワークショップを体験したりしたからといって，それらが本当に身につくわけではありません。結局**タブレット PC を授業で使いながら，メディアモラルやメディアリテラシーは育てていくしかありません。**

　トラブルは起きます。大きなトラブルになる前の小さなトラブルのときに確実に対処していくということや，対策を考えておくことが大切です。

5 対策を考えておく

　何かトラブルにならないように，できる限りの対策を考えておくことは必要です。アプリによっては，

・インターネットの機能を切る
・子どもたち同士で通信することをできなくする
・全員の画面をロックさせる
・何時にログインをしたのか，端末 ID や IP アドレスもわかる

といった対策もできます。アプリも進化しています。トラブルが起きないように，また，起きたときの対策を各企業も考えています。

　そして，教師自身も対策を考えておく必要があります。私の場合は前述のようにタブレット PC の使い方の基準として，「学習と関係のないことはしない」ということを伝えます。さらに，

・タブレット PC 自体にパスワードはかけない
・アプリにはパスワードを自分で設定する

ということを約束しておきます。

　新しい学年になれば，アプリのパスワードを子どもたち自身で決めさせます。

　また，自分がパスワードを変えたい，誰かにパスワードに知られたかもしれないと思ったときには，「パスワードを変えたい」と言いにきてもよいということを約束しておきます。

　樋口学級の子どもには ID やパスワードを忘れないために，付箋に書いて筆箱の中に入れておこうとする子がいました。数日経つと，床に落としている子もいます。それではパスワードの意味がありません。なので，付箋などではなく，自分しかわからないノートに書いておくように伝えています。

　人にパスワードを教えてと聞いたり，自分のパスワードは〇〇と誰にも聞かれていないのに言ったりすることも禁止しています。

　パスワードは教師が把握できるようにしておくことも大切です。教師の方

で子どもが決めたパスワードを設定し，一覧にしておき，いつでもわかるようにしておきます。

　そして，何かトラブルがあるときには，「タブレットPCの中をみる」ということも伝えておきます。また，何かトラブルがなくても教師が子どもの動きから怪しいと思ったときには勝手に中身をみるということも私は伝えています。

　これらの指導は「高学年の交換ノート」とあまり変わりません。「高学年の交換ノート」もよくトラブルが起きます。そのときも，「トラブルがあったときには，そのノートをみる」ということを子どもたちに伝えるようにしています。そう考えたとき，タブレットPCに関する指導は，新しい指導の仕方ではありません。これまでのトラブルに対する指導の仕方とほとんど変わらないと私は感じています。

✐ まとめ

・タブレットPCの使い方の基準は
　「学習と関係のないことかどうか」と，
　「相手が傷つかないかどうか」。
・メディアモラルやメディアリテラシーは，タブレットPCを授業で使いながら育てていくしかない。
・何かトラブルがあるときには，「タブレットPCの中をみる」。

12 ICT を活用するときの注意点
～「荒れる？」&「授業中に……」～

1 「荒れる」というけれど……

よく「荒れる」という言葉を聞きますが，本当にその状況は「荒れ」なのかと思うときがあります。

オンライン授業の本を執筆しているとき，Zoom や Google Meet といったビデオ会議ツールの「チャット」という機能を，

「子どもたち同士で個別にチャットをしたらどうするのか」

「チャットに子どもたちが好き勝手書いたらどうするのか」

などの理由で，子どもたちが使用しないように設定をしたという話を多く聞きました。

私は非常に残念な気持ちになりました。もちろん，**相手を傷つけるようなことを書き込むことは許してはいけないこと**です。実際にそういうことがあった学校もあるという話は聞いています。ただ，チャットはすぐにその場で自分の考えを書き込むことができるといったよさもあります。最初から「制限」前提というのは，学び自体を制限することになります。

私はよく Zoom を使ってセミナーをしたりしています。最近でこそ減ってきたのですが，仲が良いメンバーや Zoom をはじめて使うというメンバーが集まったときには，興味本位でチャットに書き込むことがよくありました。大人なので，相手を傷つけるようなコメントはありませんでしたが，好き勝手書き込んでいました。「好き勝手」や「自分が考えた流れ」と違ったときには，「荒れ」と捉えてしまう傾向があります。しかし，こういったことは「荒れ」ではありません。

私は，はじめてのアプリやツールを使用するとき，一度なんでもやらせてあげればよいと考えています。子どもたちはチャットにとても興味を持って

おり，使ってみたいと思っています。だから，**相手が傷つくようなことは書かないということを約束した上で，自由にチャットを使用させる時間を設けたらいいのです**。確かにチャット欄は大変なことになるでしょう。いわゆる「荒れ」状態になります。

　大人でも荒れるのですから，子どもも荒れるのは当然です。**「荒れる」という状態を，あえて経験させる**ことで，そのうち子どもたちは飽きてきます。どのような具合なのかを把握します。ある程度自由に取り組ませてから，「チャットは，こういうルールでやっていこうか」と話した方が，子どもたちも経験を積んでいることでルールに納得し，取り組もうと思うものです。

　なんでも禁止と言われると，子どもは反発したくなるものです。先生の前では試したいことができないので，陰で見つからないようにこっそりやってしまいます。そこから大きなトラブルになるというケースも多いです。

② 1番よく聞く悩み

　タブレット PC を授業に導入しましょうという話をすると，「授業中にネットなどをみて授業とは違うことをしたらどうするのですか？」という悩みを1番聞きます。

　ここまででも書いているように，その対策として教師の方で「ネット」機能や「アプリ」を制限することはできます。子どもたち自身でアプリをダウンロードすることもできなくなっています。

　こういった対策も必要ですが，根本の理由は，はっきり言えば，

・**授業がつまらない**

・**学習が自分事になっていない**

ということです。だから，学習と関係と関係のないことをしてしまうのです。これは，教師の指示通りにする，教師が一方的にめあてを提示する，教師が言われたときにしか話し合いができないといった教師が主語の見方・考え方を働かせる授業にとても多い傾向です。

だから，対策をたてると同時に，子どもが主語となる見方・考え方を働かせる授業へと改善していかないといけません。

3　できない子がいるからやめようという発想

　新型コロナ対策での休校時，ある学校でオンライン授業を開始するために，各家庭に「タブレット PC やスマホ，Wi-Fi 環境はあるのか」といったアンケートを実施したそうです。そのアンケートの結果から，Wi-Fi 環境がない家庭が数件あることがわかりました。会議の結果，「全員が揃わないとオンライン授業はできない」ということになり，オンライン授業を行うことを見送られたそうです。

　私は，「全員が揃わないからオンライン授業を始めない」という発想には反対です。この発想だと，オンライン授業をいつまでも行うことができません。新しい取り組みを何も始めることができません。もちろん，Wi-Fi 環境がない家庭を見捨ててもいいということではありません。

　算数の授業で，計算ができない子がいるからといって，「よし，算数の授業をやめよう」とはなりません。**計算ができない子へのフォローを考える**はずです。この発想が大切です。オンライン授業の場合，**Wi-Fi 環境がない家庭へのフォローをどうするのかを考える**ことが大切です。このような発想の転換が必要です。

　また，「1 年生だから使用させるのはまだ早いのでは……」という発想も子どもの成長を妨げています。

✎まとめ

・あえて荒れるという経験をさせる。
・できない子がいるからしないという発想から，できない子へどうフォローするのかという発想へ。

13 タブレット PC が鉄の箱にならないために

1 タブレット PC が鉄の箱にならないために

　前ページまでに，ICT を導入したときの心配事について書いてきました。

　心配事はまだまだあります。「タブレット PC が単なる鉄の箱にならないか」という心配をしています。

　オンライン授業の本を書いているとき，全国の様々な人に ICT 環境についての話を聞きました。その中に，「NHK for School」をみることができないという状況を聞きました。子どもたちにはみせたくない不適切な動画があるという理由で YouTube を自由にみることができないというぶんには納得できます。

　しかし，「NHK for School」に不適切な動画はあるのでしょうか。授業でどんどん使用していきたい優良コンテンツです。私もオンライン授業では，たくさん利用しました。使用したいものが使用できないということになると，タブレット PC 本来の力を十分には発揮できません。

　今回，タブレット PC が導入されるとき，「G Suite」「ロイロノート・スクール」「Microsoft Teams」などの学習支援アプリが導入されることでしょう。それ以外にも使用したいアプリが出てきた場合，ある程度自由に入れることができるようになってほしいと願っています（広告などが出てくるアプリは避けた方がいいので，ダウンロードしない方がよいです）。

　これは学校単位の話ではなく，教育委員会での話でしょう。様々な心配をされていることはわかりますが，「教師が子どもへの過度の管理をすることはやめてほしい」と本書で書いてきたように，教師へのある程度の自由を認めてほしいと切に願っています。

2 私物のタブレット PC を持ち込みたい

　私は私物のタブレット PC を持ち込んでいます。このように書くと，
「私の自治体では持ち込みできないので，うらやましいです」
という声を聞きそうです。私物のため，学校以外でも教材を作成したりすることができます。ただし，

・**個人情報は入れない**
・**プライベートでは一切使用しない，仕事用だけのタブレット PC**

というルールで私は行っています。前ページでは，**教師へのある程度の自由を認めてほしいということを書きましたが，最低限このようなルールは必要です。矛盾する話ですが，ルールは守るべきです。何かあったときに自分の身を守ってくれます。**

　時々，不適切な写真や動画を子どもたちにみせてしまったというニュースをみることがありますが，不適切でなくとも，プライベートの写真や動画でも子どもによっては嫌な思いをしてしまう子もいます。私が学生のとき，自分の娘の写真をみせてくる教師がいました。こちらがみせてほしいと言っているのであれば，まだわかりますが，そういったこともなく自分からみせてくる教師でした。「なんで，みせてくるねん」と嫌悪感いっぱいだったことを今でもよく覚えています。ネットの画面やその履歴も要注意です。

　このように考えると，学校で学校用のタブレット PC を使用している方が，安全と言えば安全です。私物のタブレット PC は，仕事用だけにすることが難しい方もいることでしょう。

3 あなたの OS は最新版？

　2章もこの項目でいよいよ終わりです。2章では，「ICT を活用するとは？」「見方・考え方を働かせた授業とは？」について書いてきました。
　最後に，教師自身をタブレット PC に例えます。「ICT の活用」のアイデ

ィア例，「見方・考え方を働かせる授業」のアイディア例などは，これから先もどんどん出てくることでしょう。これらのアイディア例は「アプリ」です。OS が旧バージョンであれば，これらのアプリを使用することができないケースがあります。逆にアプリが旧バージョンで，新しいアプリを動かすことができない場合もあります。

　では，OS とはなんでしょうか。それは，「教師観」です。教師観が古ければ，どれだけすばらしいアプリがあったとしても，動かすことができません。教師が主語となる見方・考え方を働かせる授業は古い「教師観」と言っていいでしょう。子どもが主語となる見方・考え方を働かせる授業といった新しい「教師観」へのアップグレードが求められています。

　タブレット PC の場合，アップグレードはコマンド 1 つでできます。しかし，教師観のアップグレードはそう簡単なものではありません。アップグレードするには，自己研鑽が必要です。研究会に参加したり，書籍を読んだり，研究授業を行ったりすることが必要です。そして，日々の教材研究や授業の振り返りといったことも大切です。私自身もアップグレードをしている最中です。

　ICT を活用することが苦手な人はいます。1 人ですべてを行おうとするのではなく，ICT が得意な人に協力してもらいながら取り組むことが大切です。**「わからないことが恥ずかしいのではありません。わからないことをだまっておくことの方が恥ずかしいことです」**ということを私は，子どもたちに言います。これは大人でも同様です。「わからないことはわからないと言おう」と言っている教師が，言わないのは矛盾している話です。

　本書では「ICT を活用する体験を積ませる」ということを何度も書いてきましたが，教師でも同様のことです。今から10年前，楽天が「社内の公用語を英語にする」と宣言しました。三木谷さんは社内公用語を英語にするということはとても大変ということは予想していたそうです。だから，実際に始めるときには，あまり深く考えないようにしていたそうです。あまり考えすぎると最初の一歩を踏み出せないと思っていたそうです。

「私は，ICT が苦手だから……」と深く考えすぎの場合もあります。だから，最初の一歩を踏み出せない人もいます。実際に使用していくと，「あれ！　こんなに簡単なんだ！　便利だったんだ！」と言われる方がいます。学校の教師はとても真面目です。真面目な分，完璧を追い求めてしまう傾向があるように感じます。実際に取り組みながら，できないことやミスをその都度改善していくという発想に変えない限りは，一歩を踏み出せないことでしょう。

　楽天も最初は苦労したそうです。やはり，大企業であっても最初は苦労をするものです。そして，社歴が長い社員，英語が苦手といった社員にも，自ら率先して英語を勉強しなければならないといった雰囲気があったようです。

　人は誰もが得意・不得意があるものです。私は苦手が全くない教師に出会ったことがありません。もし ICT が苦手だとしても，他の教師にはない経験年数や得意なことがあるはずです。

　教師が ICT の経験を積むために，職員会議で提案するときは，「子どもがメインで使用するアプリで提案文書を作成・提示したりする」「紙を使わない」といったことに完全に切り替えたらいいと考えています。楽天と一緒で最初は苦労することでしょう。しかし，いつか慣れてきます。

　私が採用された15年前。私の勤務校は，資料データなどはフロッピーディスクでした。フロッピーディスクは年数が経つと劣化していくため，運が悪いと，使用できないということもありました。

　そのうち，USB になりました。私は USB をこれまで2回壊したことがあり，その都度絶叫したことを覚えています。また USB の情報流出のニュースもたびたびあります。

　現在，そしてこれから「子どもがメインで使用するアプリ」には「クラウド」が存在することでしょう。フロッピーや USB での心配事は，「クラウド」ではなくなります。

　どんどん環境は進化しています。だからこそ，自分の OS をアップデートするように，日々取り組んでいきませんか。

第3章

子どもが主役になる！
見方・考え方を
働かせる授業の
基礎・基本

1 見方・考え方を働かせる授業のための タブレットPCの基本的操作11

　ここまで，タブレットPCを活用するよさについて書いてきました。この章では，ICTを活用した見方・考え方を働かせる授業を行うために，子どもたちに身につけてほしい必要なタブレットPCの基本的操作について，以下の11点を説明していきます。

---

①写真や動画を撮る

②写真や動画（授業動画）をみる

③音声を録音する

④書き込む

⑤送る

⑥友達の考えの一覧をみる

⑦タブレットPCを使って，説明する

⑧調べものをする

⑨タイピング

⑩シンキングツールを使う

⑪プレゼンテーションソフトを使う

---

1 写真や動画を撮る

　課題を解決するために，写真や動画を自分たちで撮ります。1番簡単な操作です。撮った写真や動画は何度でもみることができます。

　算数科では「身の回りにある図形の写真を撮ろう」

　生活科や理科では「校内に咲く植物の写真を撮ろう」

　社会科では「消火器のある場所の写真を撮ろう」

　体育科では「リレーのバトン渡しの動画を撮り，バトン渡しを改善しよう」といった課題で使用する基本的操作です。

　また，スクリーンショットの仕方も教えておきます。自分のタブレットPCの画面をスクリーンショットで撮ったものを，友達に送ることもできます。子どもたちはスクリーンショットをよく使用しています。

　自分で撮った写真や動画をみることはもちろんのこと，NHK for School などの授業動画をみることにも使用します。全体で動画をみるだけでなく，自分のペースで動画をみるという活動を取り入れることも有効です。

　また動画アプリを使い，自分たちで編集をした動画をみせるという活動（例えば「新1年生に学校紹介動画をつくろう」）も行うことができます。

　学芸会や音読劇の練習の様子を撮り，動画をみながらみんなで改善点を考えるといった活動も行うことができます。

　理科で実験動画を撮り，それをみながらまとめるといったことも有効です。

　1人1つのイヤホン（100均で可）があるととても便利です。子どもたちは1人で聞くときはイヤホンをして，集団でみるときは1台のタブレット PC でみたり，聞いたりしています。

　自分の声を録音します。新型コロナ対策での休校中，音読の提出を課題にしたこともあります。その課題ではお互いの音読を聞き合い，自分の音読をアップデートしていくという活動をしていました。動画だと何か恥ずかしさを感じますが，音声だけだと恥ずかしさも減ります。

音読課題例

　音楽では自分の歌声，英語では自分の発音などを録音します。基本的操作「②写真や動画（授業動画）をみる」と同様に，改善点を考えやすくなります。

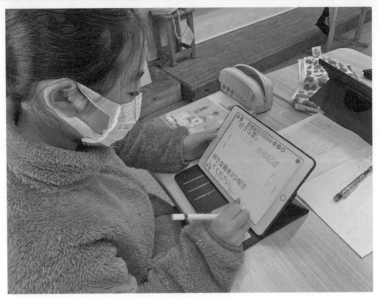

　教師から配布された資料に自分の考えを色を変えながら書き込みます。タイピングが難しい低学年では，タイピングの代わりに手書きをします。高学年でも，タイピングができても，手書きの方がアイディアを思いつきやすい子もいます。場面によって，使い分けをさせます。

　私は書き込む経験を積ませるために，イラストを書かせたりして遊びます。遊びながら経験を積むことを子どもたちは喜びます。

　子どもたちが撮った写真や動画，子どもたちが書き込んだ・タイピングしたものを教師に提出したり，友達に送り合ったりします。

　送る前に考えを交流する活動を行うことで，子どもたちは自分の画面を友達に見せ，自然と話し合いが起きます。その中で必要なものがあれば，「それ，欲しい！　送って！」と言う子がいます。そのように言うことは，自分の考えが不足していたことに気づいたり，自分の考えにはなかった考え方だということに気がついたりしているということになります。

　つまり，送り合うことで，友達の考えを知ったり，友達の考えを自分の考えに加えたりすることができ，より自分の考えを深めることができます。

　iPad の場合はアプリを通して送る以外にも，AirDrop でデータを送り合えるということも子どもたちに教えておきます。

　友達の考えの一覧を教師だけでなく，子どもたちもみることができます。友達の考えをみて，いいと思ったことは自分の考えに取り入れるようにします。人の考えを取り入れたり，人に自分の考えを使われることを嫌がったりする子がいます。そこで，「人に考えを使われたり，真似をしたりすることは，いい考えだからされるのだよね。使われる・真似されることはとても光栄なことなんだよ。どんどん真似されよう」ということを子どもたちに伝えます。

7 タブレット PC を使って，説明する

　自分で撮った写真や動画，考え方などを大型モニターに映し出し，全体に向けて説明します。大型モニターで映し出し説明をするとき，大型モニターやタブレット PC をみながら説明をしてしまう子がいます。説明するときには，聞き手の方をみながら説明をするように指導しておきます。

　また，全体ではなく，グループの子や隣の子に自分のタブレット PC をみせながら，説明をします。自然と子どもたちの頭が集まります。

　説明をするときには，ペン機能を使い，書き込みながら説明すると，より相手に考えが伝わりやすくなります。

8　調べものをする

　タブレット PC で，学習に関係する調べたいことを自由に調べさせます。教師が指定した検索サイトで検索をさせるようにしています。自由と言ってもなんでもよいというわけではありません。

9　タイピング

　高学年はタイピングが必須スキルになります。ローマ字を学習して以降は，タイピングを行うことができます。

　タイピングは経験を積めば，誰もが速くなります。タイピングが遅くなると，活動に遅れが出てきます。タイピングについては，132ページにて，樋口学級の取り組みを紹介します。

10 シンキングツールを使う

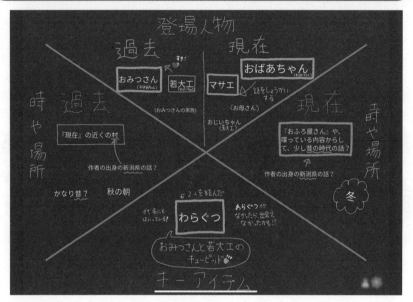

　本校が使用しているアプリ「ロイロノート・スクール」には，シンキングツールを使用することができる機能があります。考えることをサポートしてくれるのがシンキングツールです。

　シンキングツールとは，発散・収束を繰り返して，新たな価値やアイディアを創造するための思考をサポートするツールです。もし別のアプリを使用していて，アプリ上に機能がなくても，シンキングツールのデータを取り入れて行ったり，紙媒体で取り組むこともできます。

　シンキングツールを使用することが目的ではありません。シンキングツールを使い，新たな価値やアイディアを創造することが目的です。

　私は，シンキングツールの使い方をしっかり守る必要はないと考えています。考えるために自由に使用すればいいのです。

11 プレゼンテーションソフトを使う

　タブレット PC にあるスライド，Keynote などのプレゼンテーションアプリを使って，社会や理科などで自分の成果物を発表します。

　何も指導せずに子どもたちにプレゼンテーションをつくらせると，文字数が多かったり，アニメーションが多かったり，写真だらけになったり，文字の大きさが小さかったりしてしまいます。そこで，次のようなルールを設定して，スライドづくりに取り組ませます。

・文字や写真が多いのは見づらいので，多くても3枚以内
・アニメーションが多いのは見づらいため，基本的には使用しない
・少ない文字数でスライドをつくる
・フォントの大きさはできる限り多くする
・1分1枚のような感覚で作成する

　とは言っても，最初はなかなかできないものです。何度も取り組ませていくことでできるようになっていきます。

　タイピング以外は，低学年から取り組めることです。経験を積ませることが大切です。どんどん取り組み，経験を積ませていきましょう。

2 タブレット PC の基本的操作を使用する場面例

1 スピーチをする・プレゼンをする

　本校では，1年生から朝の時間にスピーチ活動を行っています。テーマを決め，毎日2人ずつスピーチを行っています。

　スピーチのときに，内容をよりわかりやすくするためのものとして，プレゼンテーションアプリを使用させます。

　6年生の最後には，6年間のスピーチの集大成として，「教えるとは，考えるとは」というテーマで取り組みました。

2020/07/09
地域別集会
マンタくんへ
　六年生では初めての地域別集会をしました。
前に立つことは別に緊張しませんでしたが、何を話せば良いのかわからず、一組側は前であまり話せませんでした。（二組の方が数すごく多かったからというのもあるけど）でも、個人での気遣いやひっぱり方はそれなりにできたと思うので、コロナに負けず低学年の見本となるような学年にしたいと思いました！
7月9日 15:35

マンタくんへ
今日は1回目の地域別集会がありました。1年生と初めて顔を合わせました。すっごく大変でした(・д・)その反面、すっごく可愛かったです🍡地域別集会が楽しみになりました。
7月9日 15:35

マンタ君へ
　今日、地域別集会がありました。初めて会う一年生でした。みたことのない一年生ばかりでした。（声をかけるので精一杯という感じでした…。）誰が誰かわからない状態で、大丈夫かな…と思うことがたくさんありました。でも無事全員いたようなのでよかったです。班長とかではなかったのですが、最高学年として頑張らないとなと思いました。
7月9日 15:36

2020/07/09 地域別
マンタくんへ
今日は地域別がありました。
今年の地域別は、最高学年が仕切らないといけないので、ドキドキしていました。結果、何とか乗り越えられました。
7月9日 15:36

7月9日マンタ君へ
「地域別」
今日は地域別集会をしました。私は班長ではないのでいつも通りにしています。そうそう、この班はなんと今までに1回も苦情が来ていないというすごーい班なんです。この班のプライドは絶対守る必要があります。
7月9日 15:36

7月9日　地域別集会
マンタくんへ
今日は地域別集会がありました。本当は6年生でもっとてきぱきしなければいけないのに、話を進めることもできなかったし、1年生に説明することもできませんでした。やっぱり私は6年生の自覚がまだないのかなと思います。
7月9日 15:37

　「振り返りジャーナル」とは，1日にあった出来事を振り返り，テーマに沿って毎日書いてもらうものです。この振り返りジャーナルは，タイピングの練習を兼ねています。特に文字数に決まりはありません。多く書く子もいれば，少ない子もいます。樋口学級の子たちは，本音を書いてくれる子が多く，読んでいて楽しいものです。

　この振り返りジャーナルのいくつかをとりあげ，私のコメントとともに学級通信に掲載しています。このとき，

・学級通信に掲載してほしい……ピンクのカード

・学級通信に掲載してほしくない……白のカード

で提出をしてもらうようにしています。一目見て，学級通信に使用していいカードがわかります。

　またこれまでは学級通信は紙媒体で子どもたちに渡していましたが，新型コロナ対策の休校があってから，PDF で子どもにも保護者にもデータで渡すようにしています。

六我夢中

6年生として地域別集会に臨む

　昨日、今年度初の地域別集会がありました。6年生として、リーダーとして臨む地域別集会でした。地域別集会後、「とても疲れた〜」「気をつかった〜」と言っている子が多くいました。人の前に立ち、活動をすることは思っているより疲れることです。しかし、とても良い経験です。

　地域別集会後、他の先生から「〇〇くん、とても頑張っていましたよ」「〇〇さんの司会がよかった」ということも聞きました。スタートしたばかりです。がんばれ！！

【振り返りジャーナル】

マンタくんへ

　わたしはあまり六年生らしくみんなをまとめたりとかすることができませんでした。こんなこと書いてはいけないんだろうし、ただの愚痴に聞こえると思いますが、2組の人たちが誰がどこをやる、とか何をする、とか何を何分するとかその他細かいことまで全て決められていて、仕切るのとかも全部やっていて、わたしは全然それについていけなかったからです。わたしは、6年生というよりかは5年生みたいな感じの立場になっていました。立っているだけの6年生なんて6年生じゃないですよね、、、

→<u>前にも言いましたが、まとめるだけが6年生の役割ではありません。困っている子がいたときには寄りそったり、助けてあげたりすることも大切な役割です。自分らしい役割がきっとあるはずです。自分ができることはなにかということを考えてみてください。悩み過ぎないように！</u>

マンタくんへ

　今日、地域別集会がありました。初めて会う一年生でした。みたことのない一年生ばかりでした。（声をかけるので精一杯という感じでした…。）誰が誰かわからない状態で、大丈夫かな…と思うことがたくさんありました。でも無事全員いたようなのでよかったです。班長とかではなかったのですが、最高学年として頑張らないとなと思いました。

→<u>難しいのは、例年と違って「つゆくさ活動がスタート」していないところです。</u>これから少しずつ顔なじみになっていくと思いますよ。

　振り返りジャーナルも文を書くことですが，タブレット PC は，作文や新聞などの文を書く表現物をつくることととても相性がいいです。

　各教科で，作文や提案書などを書いたりする，新聞をつくったりといった表現物をつくる学習があります。

　紙で物語文を書く学習をしたとします。自分で物語を書いて，完成とはなりません。教師がその物語文をみて，完成になります。教師が物語をみたとき，どの子にも赤色で漢字ミス，表現の変更など修正点が必ず出てきます。

　それを子どもが修正するとなると，紙に書いている文字を消すか，新たな紙に書き直すことになります。しかし，タブレット PC で文を書いた場合には，修正点のところだけを容易に直すことができます。子どもはどちらの活動が喜ぶでしょうか。樋口学級で，はじめてタブレット PC を活用して文を書かせたとき，「絶対に紙で書くよりもタブレット PC で作文をつくるほうが便利！」と言った子もいました。に書いている文字を消すか，新たな紙に書き直すことに時間かけるよりも，違う学びに時間をかけることができます。

　タブレット PC 上の作文という表現物に難色を示す教師もいることでしょう。その場合も，タブレット PC 上で文を完成させてから，紙に書き直すことが有効です。新聞をつくるときも同様のことが言えます。

学校を明るくしよう 6年○組 ○○○○

1. 提案のきっかけ

　新型コロナウイルスのパンデミックによって、学校閉鎖が世界的に行われていた。日本は緊急事態宣言が全国で解除され、社会活動が徐々に再開される中、さまざまな自粛行動に伴う精神的ストレスの蓄積や休業要請緩和などに伴う行動変容で、新たに体調不良を引き起こす人が増えることへの懸念が高まっている。

　私たちの学校においても一時休校になり、しばらくクラスメイトとも会えなかった。今回、ようやく学校が始まるが、みんなが楽しみにしていた行事の半分以上が中止となってしまった。感染拡大を予防するためには、集団での行事ができないのは当然だが、残念で寂しい気持ちがある。そこで、みんなが一つになり、この一年の思い出に残るような行事があれば良いと思った。

　以上のことから、私は次の提案をする。

2. 提案

個人縄跳び大会の実施

　運動会の代わりになるような、みんなが一丸となって取り組める個人縄跳び大会を実施することを提案する。この大会の具体的なルールは次の通りだ。

1. 15分間くらいで個人で飛べた回数を合計して、クラス合計、学年合計を出す。
2. 1時間ごとに放送かロイロノートで合計回数を全学年に発表する。
3. 全校で、合計5万回達成できるか挑戦する。
4. 個人賞も出す。
5. マスクをしているため、涼しい時期に行う（新型コロナウイルスが収束していたらソーシャルディスタンスをとりマスクを外す）。

　1時間ごとに発表することによって、目標に届くかというドキドキ感を味わえる。一年生からしていくことによって、高学年はさらに頑張ろうと言う気持ちになる。簡単な運動である縄跳びをして、運動不足を解消させることができる。高い目標を掲げて、それに向かってみんなが頑張ることで、運動会のような一体感が持てると考える。

動画をつくる～選挙演説～

　本校では児童会選挙というのがあります。例年であれば，体育館に集まり選挙演説をし，その演説をみた上で投票を行います。しかし，今年度は新型コロナの影響により，体育館に集まることができません。そこで，「2分以内の選挙演説動画をつくる」ということに切り替えました。

　選挙当日は，それぞれが作成した動画を各学級で観た後，Google Forms を使って，投票を行いました。

　これまでは紙を使っての投票でした。放課後，子どもたちと一緒に手作業で集計をしていましたが，Google Forms を使ったことですぐに，正確に集計することができました。

　オンライン授業をしているとき，自分の考え方を動画に撮り，提出するような課題を設定していました。算数では教科書に多様な考え方が載っています。教科書のその場所は空欄部分があり，埋めるようになっています。その空欄部分を埋めたからといって，それらの考え方がわかったとは言えません。しかし，子どもたちの中には空欄を埋めたことでわかったつもりになっている子もいます。

　こういった，「わかったつもり」を防ぐために，考えを自分の言葉で説明するようにします。スラスラ説明できるということはわかっていると言っていいでしょう。わかったつもりでも，実際に声に出して説明してみることで，わかっていないことが明らかになります。わかっていないとわかると，再び考えないといけません。

アナログとデジタルを組み合わせる

　すべての活動をタブレットPCに移行するわけではありません。下の写真は観察ができないため，教科書に載っているプランクトンをノートにスケッチしたものを写真に撮り，提出箱に提出したものです。

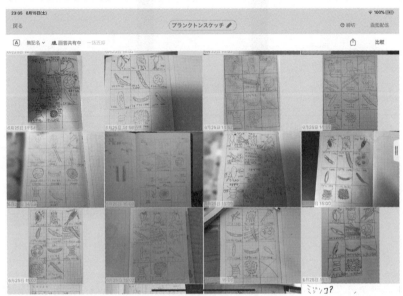

　樋口学級ではApple Pencilがあるため，タブレットPCでも様々なことを書きやすい環境にあります（ペンは純性のものでなくても構いません）。しかし，ノートアプリを使用していないこともあるかもしれませんが，ノートを越えはしません。だからこそ，タブレットPCだけでなく，ノートもこれまでのように使用していくことが大切です。

　ノートの写真を撮り，その写真に実験の様子などの写真や動画を貼りつけている子もいます。ノートだけではできない学び方です。

7　AI 型ドリルに取り組む

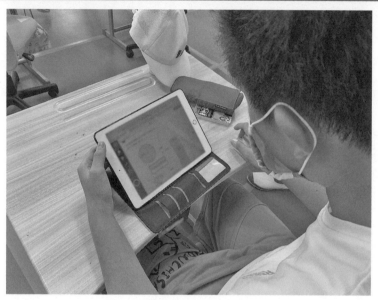

　「Qubena」や「やる key」などの AI 型ドリルに取り組みます。AI 型ドリルは，子どもが問題を解くと自動採点され，誤答を分析してくれます。そして，苦手問題がどこなのかを解析してくれ，その子に合った問題を自動配信してくれます。プリントなどを用意することがないため，準備の時間が短縮されます。AI 型ドリルに取り組む時間（5〜15分間）を設けることで，子どもたちの基礎・基本的な力を育てることができます。

　AI 型ドリルに取り組んでいるときに，むずかしい問題やわからない問題を友達に解説してもらったり，教えてもらったりする活動を取り入れることも大切です。

8 プリントづくり

子どもたち自身によるプリントづくりも簡単に行えます。子どもたちにプリントの型を送っておき，提出箱をつくっておきます。子どもたちはその提出箱からプリントを好きに取り出し，問題に取り組みます。

問題を解いた後は，作成者に送り，丸つけをしてもらいます。また，作成者に解説をしてもらいます。

⑦の AI 型ドリルに取り組んでいるときに，プリントづくりをしたり，他のプリントを解いたりしている時間もしています。

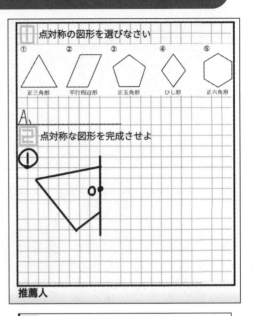

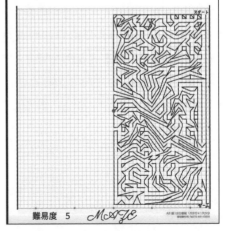

130

２組調べ　好きな曜日アンケート

● 土曜日　● 金曜日　● 日曜日　● 木曜日　● 火曜日
● 水曜日

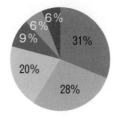

【わかったこと】
・土曜日が一番多く，31％ほどを占めている。
・土曜日は $\frac{1}{4}$ 以上になる。
・金曜日は２番目で，28％。
・金曜日の割合は土曜日とほぼ同じくらい。
・週末が全体の79％をも占めている。
・反対に，平日は全体の21％しかない。
・火曜日と水曜日は累数が２番目に少なく，６％しかなかった。
・月曜日は０％で，一番票数が少ない。

【自分の考え】
・日曜日は思ったより少なく，$\frac{1}{4}$ もいないという結果になった。
・予想どおり，「週末」という単位で見ると半分以上を占めていた。
・週末は家でリラックスできる家庭が多いため，
　好きな人が79％もいるのではないだろうか。
・また，月曜日は休日が終わる日であるため，０％なのではないかと考えられる。
・火曜日や水曜日はもう少し少ないと予想していたが，６％もあった。
　これは，習い事などが影響しているのだろうと考えた。
・週末にゆっくりするのもいいが，平日も楽しむといいと思う。

　Google Forms やアプリのアンケート機能を使い，５年「割合」では帯グラフや円グラフの学習を行いました。アンケート機能の結果を表計算アプリを使用し，円グラフに表しました。アンケートはすぐに行え，すぐに結果がわかるため，子どもたちにとってはとても身近な存在になります。

　子どもたちは休み時間のクラス遊びについてアンケートを実施したりと頻繁に使用するようになります。

3 タイピングをマスターせよ

　基本的操作「⑨タイピング」は，高学年でICTを活用して授業を進めていくときに，必須スキルになります。しかし，タイピングを身につけることは難しいです。

　3年生でローマ字を学習するまでは，文字を書き込んだり，自分の考えを書いたノートを写真に撮ったりしたものを代わりとして使用します。

　タイピングができるようになるには，タイピングの練習をするしかありません。検索をすると無料のタイピングサイトが出てきます。休み時間や隙間時間に自主的に取り組むようにします。「振り返りジャーナル」も経験を積むためにスタートしました。

　しかし，そうはいっても全員がタイピングの練習に取り組むとは限りません。そこで，タイピングを練習するためのモチベーションになるように，外発的動機になりますが，「タイピング認定書」を設けることにしました。

・1分間で100文字
・1分間で150文字
・1分間で180文字

という3段階を設定しました。「1分間で150文字」を達成すると「タイピングの鬼」，「1分間で180文字」を達成すると「タイピングの神」という名称をつけ，次のページのような認定証を作成しました。

　さらに，無料タイピングで文字数を達成した画面をみせると，それぞれの段階のシールを渡すことにしました。

「タイピングの神」をクリアする子たちも出てきます。そこで，クリアした子たちが以下のような新たな認定書を作成してくれました。

半年後，早い子は1分間で200文字以上打つ子が出てきます。大人顔負けの子どもたちです。私はタイピング速度で負けています。経験に勝るものはありません。子どもたちの練習の成果です。学級に見学にこられた方は，そのタイピング速度に驚きます。

　子どもの中には，ローマ字打ちではなく平仮名打ちでタイピングしている子がいましたが，今はそれでいいかもしれませんが，将来のことを考えて禁止にしました。

　子どもたちは，「マナビジョン」の無料タイピング教材を使用し，タイピング練習をしています

（https://manabi-gakushu.benesse.ne.jp/gakushu/typing/nihongonyuryoku.html）。

4 ICT を活用した見方・考え方を働かせる授業のつくり方

1 世代によって授業の作り方が違う？

　自分が学生のときに受けてきた授業が，自分の授業スタイルに大きく影響しているものです。そして，教師年数の分だけ自分の授業スタイルが築かれています。実はこういったことが，ICT を活用した見方・考え方を働かせた授業へ転換するときに大きな障壁となります。

　私が学生のときは，NHK の番組をみたり，OHP（オーバーヘッドプロジェクター）を時々使用したりするといった環境でした。もちろんタブレットPC を使用した授業なんてありませんでした。そういった授業が私の授業スタイルのベースとなっています。もっと書けばスマホもなく，携帯よりもポケベルが全盛期だった世代です。こういった世代を携帯・PHS 世代とします。

　一方で，あと10年たてばタブレット PC を授業で使用したり，ICT があたり前になっていたりする人が教師になる時代がやってきます。その方はタブレット PC を授業で使用したり，ICT があたり前ということがベースの授業スタイルになっています。こういった世代をタブレット PC 世代とします。

　携帯・PHS 世代とタブレット PC 世代には大きな差があります。携帯・PHS 世代は，ICT を活用し，見方・考え方を働かせることで，**このような授業になるかなと想像しながら授業を考え**，行います。

　一方で，タブレット PC 世代は ICT を活用し，見方・考え方を働かせることで，**このような授業になるという具体的なビジョンを持っている**ことでしょう。そして，子どものときに感じていた **「ICT を活用した授業のよい点や不満点」** をもとに携帯・PHS 世代には思いつかないような授業を行ってくれると考えています。

ただし，携帯・PHS 世代であろうがタブレット PC 世代であろうが，世代関係なく**「教材研究」は必ず必要**です。どの世代でも，**教材研究なしで，ICT を活用した見方・考え方を働かせた授業をつくることはできません。**具体的なビジョンがあったとしても，実現できません。

② 世代ではなく……

　前ページで携帯・PHS 世代とタブレット PC 世代と書きましたが，携帯・PHS 世代とタブレット PC 世代の間に**「スマホ」世代**もいます。このスマホ世代はどちらかと言えば，タブレット PC 世代よりではなく携帯・PHS 世代よりだと感じています。また，携帯・PHS 世代よりも上の世代，**「大きい携帯」世代**もいます。

　前ページで，「教師年数の分だけ自分の授業スタイルが築かれています」ということを書きました。年数が長い人は，若い頃にある程度学級も授業もうまくいっていれば，そのスタイルを変えようとは思いません。携帯・PHS 世代よりも上の世代，「大きい携帯」世代は年数が長い分，自分の授業スタイルがあります。だから，タブレット PC を導入，と言われても，変えようとは思わないという方もいます。

　人は新しいものを導入するときは不安なものです。ましてや，**現状が満足するものであったり，うまくいっていたりするものなら，なおさら新しいものを導入しようと思わないことでしょう。**

　このように世代を分けましたが，**この世代だから ICT を活用した授業ができない，使用しようとしないということを言いたいわけではありません。結局は世代関係なく，その人がよりよくしていこうと失敗を恐れずに取り組むのかどうか，つまりはその人次第です。**

　ICT を活用した授業に変えようとしたとき，「どのようにしたらいいのかわからない」ということもよく聞こえてきます。

3　置き換えていこう！

　ICT を授業に転換するとき，0から授業づくりを変える必要はありません。「ICT を授業に『転換』」と「転換」という言葉を使用したのは，0から変える必要がないという意味を込めてです。**今行っている授業を置き換えていく**。そして，**置き換えていく場所をどんどん増やしていく**ことで，結果，「ICT を活用した見方・考え方を働かせる授業」になっていきます。

　本書において紹介している「見方・考え方を働かせる授業のためのタブレット PC の基本的操作11」（110ページ）を，授業の中で位置づけていきます。もちろん，11の操作を1時間の授業の中ですべて取り入れる必要はありません。

　例えば，「①写真や動画を撮る」（111ページ）を授業に取り入れようと計画したとします。このとき，

・どのような場面で取り入れるのか
・この活動でどのような効果があるのか
・撮ったものをどのように活用していくのか
・本時の目標を達成するためにどう関係しているのか

ということを考えて，授業に取り入れていくことで，活動が目的ではなく手段になっていきます（次のページで詳しくお話しします）。

　「これって，紙でもできるんじゃないの？」

と言われたこともあります。これまでは，**「紙にできないことを ICT でやっていきましょう」**ということを言ってきましたが，これからは**「紙でもできることも ICT でやっていきましょう」**というようにしていくことが求められています。

　そして，置き換えるという意識だけでなく，**ICT を活用して，「このようなことができそうだ」ということに挑戦していくことが大切です。**

　前ページにも書きましたが，タブレット PC を使用すること，アプリを使用して操作をすることは，手段であり，目的ではありません。**タブレットPC を使用して，操作をしてからが学習の本番**となります。

　「①写真や動画を撮る」として，例えば，算数で「身の回りにある三角形や四角形を探そう」という取り組みを行ったとします。子どもたちが身の回りにある三角形や四角形の写真をたくさん撮ってきたとします。

　ここで授業を終えては，単に写真を撮っただけです。算数の学びはありません。**写真を撮ってきた後に「撮ってきた三角形の写真を仲間分けしてみよう」という課題を追加することで，**子どもたちは構成要素に着目しながら，仲間分けをしようとします。つまり，見方・考え方を働かせているということになります。

　インプットをする機会が授業の中で多くあります。教師が子どもたちに教えるときなどもそうです。インプットをしたのならアウトプットをすることもセットにした授業展開にしていきたいです。サセックス大学の研究では，インプットした後は，40秒間でいいのでアウトプットすると脳が活性化するという実験結果があるほどです。

　授業でインプットをしたのであれば，**＋αの活動としてアウトプットを取り入れることで，知識や技能が定着していきます。**

　タブレット PC を活用した授業に限らず，このような＋αの活動がないケースを多く見かけます。タブレット PC を活用した授業では，一人で作業をする時間やタブレット PC を見つめる時間が増えます。意図的に，＋αを必ず取り入れるようにしましょう。

⑤ 子どもたちが選択

　この写真は，グループで自分たちの考えを伝え合っている場面です。よく
見てみると，ホワイトボードを使っている子，タブレットPCを使っている
子，紙を使っている子，紙とタブレットPCを使っている子とそれぞれの様
子がみえます。1章でも紹介している社会の実践では，タブレットPCでタ
イピングをしている子もいれば，タブレットPCに書き込みをしている子や
ノートに書いている子もいました。

　私はこの状況が理想だと考えています。タブレットPCにしろ，紙にしろ，
ホワイトボードにしろ，すべてツールにすぎません。どのツールを選択する
かは子どもに任せたらいいのです。

　だから私は，子どもたちには自分が考えやすい方法を選択するように言っ
ています。ICTはあくまで文具です。ICTに慣れるまでは，教師が指定し
た方法で取り組ませることも大切かもしれませんが，ある程度経験を積ませ
た後は，**子どもたちが考えやすい方法を自分で選択させる場を与え，取り組**

むようにしていきたいものです。

　これはアプリでも同様のことが言えます。自分でアプリを選択するように
なればいいです。しかし，本校では「ロイロノート・スクール」「G Suite」
などのアプリを採用しています。

・ロイロノート・スクール……個人で試行するときに便利

・G Suite……友達と協働で取り組むときに便利

というようにアプリによって，特徴があることを子どもたちに伝え，取り組
ませる必要があります。

6 教室の環境

　タブレットPCが子どもたちにとっての文具になったとき，自分たちの考えを話し合ったり，表現物をつくったりするためには，黒板に向かって机が一斉に前を向いているスタイルでは適しません。前述しているように，タブレットPCにより，学ぶ速度は上がります。

　そのため，新型コロナによる影響で難しいところはありますが，前のページや上の写真のように常に3〜4人のグループの形が適しています。

　また，前ページの写真のように，机の上でなくても椅子を持ち寄ったり，地面に座りながら取り組んだりするといった場を認めてあげることも大切です。

5 実際の授業づくり

　ICT を活用した見方・考え方を働かせた授業をつくっていくうえでは，ICT を活用することを前提には，授業を考えません。どのように考えていくのか，その一例を79ページで授業を考えるために載せたノートの授業を例に，6年創造（総合）で1年間のテーマ「わたしたちが目指す世界」で，1学期に取り組んだ「ベレアの子たち（オーストラリアにある交流している学校）に京都の魅力を伝えよう」という授業を例に説明していきます。

　下の画像は，そのときに考えた単元構想です。

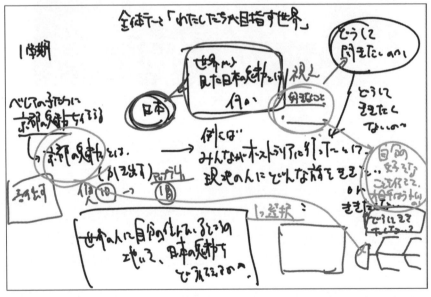

　授業は1時間ごとではなく，単元丸ごとで考えた方が知識の流れがわかりやすいです。

　まず考えたのは，自分が住んでいる地域である「京都の魅力」を子どもたちはどのように考えているかを明らかにすることです。これまでも京都については社会や総合で学習をしてきています。その学習を振り返るために，個人で取り組むことにしました。

　しかし，個人だけでは考える内容に差が生まれたり，自分にはない視点の考え方があったりすることが予想されます。そこで，個人の後に，グループで考えを交流し，「京都の魅力」のアップデートをすることにしました。

　ここまで考えた後に，

①個人で考えるためのサポートとしてイメージマップを使用する

ことを決めました。そして，グループで交流するときには，

②自分が考えたことを送り合う

ことで「京都の魅力」のアップデートをすることにしました。

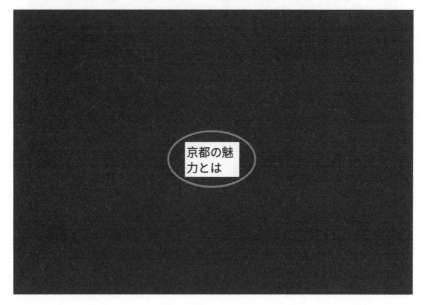

　ベレアの子に内容をしっかり伝えるためには，相手意識を持って内容を考える必要があります。検索してわかる情報だけを言うのではなく，自分たちだからこそ言える内容であってほしいものです。

　そこで，自分がベレアの子たちに聞きたいこと・聞きたくないことを考えるようにしました。自分が聞きたいこと・聞きたくないことで挙がってきたことを，内容を考えるときの視点にしようと考えたのです。

　ここまで考えて，フィッシュボーン図を使用しようと考えたのです。

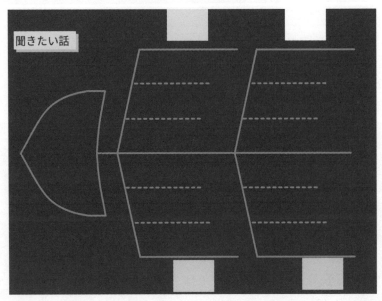

聞きたい話

　このように，授業のつくり方自体はこれまでと変わりません。子どもの思考をサポートしていくには，どこで使用すればよいのかという発想が大切です。

6 子どもが主役の ICT 活用授業を

　この単元の最後に，子どもたちは「京都の魅力」についてアプリを使い，本書で紹介している操作を駆使しながら，プレゼンをつくりました。そして，クラスの5人の子にプレゼンを使い，説明し，ベレアの子たちに内容が伝わるかどうかという評価をしてもらう活動に取り組みました。5段階で評価をし，その評価の理由を相手にアプリ上で送り合いました。送ってもらった評価をもとに，単元を通しての振り返りを個々に行いました。

　ICT を使用していなければ，評価をするための枠が書かれた表を作成し，印刷し，子どもたちに配布をします。さらには，1枚で6人を評価するのであれば，事前にカットをするか，子どもたちに切らせるしかありません。カットができたら，評価を書き込んでいきます。まず，クラス全員分の紙に自分の名前を書き，評価を書き込み，評価をした子にその紙を渡しにまわります。渡された子はきちんとその紙を管理できればよいですが，床に落としてしまう子もいるでしょう。自分にもらえる枚数が足りないと，「私，1枚足りません。誰か配り忘れていませんか」という声が聞こえてきます。

　しかし，こうした準備時間や要らぬ心配が ICT を使用すると一切なくなります。評価をする際も1枚のデータを子どもたち自身で複製できますし，紙をカットする必要もありません。その子に渡しに行く必要もありません。

　準備時間や要らぬ心配がなくなることによって，違うことに時間をかけ，活動を行うことができます。子どもたちが苦手としていることに時間をかけて取り組むこともできます。子どもたちと学びを深めていく時間にすることもできます。だから，学びが速くなります。

　本書では，ICT を活用した見方・考え方を働かせる授業づくりについて書いてきました。さあ，勇気をふり絞って，GIGA スクール構想によって導入される，タブレット PC を活用した授業を行っていきませんか。

引用・参考資料

- 中央教育審議会「幼稚園，小学校，中学校，高等学校及び特別支援学校の学習指導要領等の改善及び必要な方策等について（答申）」（平成28年12月21日）
- 樋口万太郎（2020）『子どもの問いからはじまる授業！』学陽書房
- 樋口万太郎・堀田龍也（2020）『やってみよう！小学校はじめてのオンライン授業』学陽書房
- 堀田龍也・樋口万太郎（2020）『続 やってみよう！小学校はじめてのオンライン授業』学陽書房
- 堀田龍也・為田裕行・稲垣忠・佐藤靖泰・安藤明伸（2020）『学校アップデート 情報化に対応した整備のための手引き』さくら社
- 堀田龍也（2020）『PC１人１台時代の間違えない学校ICT』小学館
- 堀田龍也・佐藤和紀（2019）『教職課程コアカリキュラム対応 情報社会を支える教師になるための教育の方法と技術』三省堂
- 尾﨑正彦（2020）『板書で見る全単元・全時間の授業のすべて 算数 小学校６年上』東洋館出版社
- 海沼秀樹・西川義浩（2020）『板書で見る全単元の授業のすべて 国語 小学校６年上』東洋館出版社
- 海沼秀樹・西川義浩（2020）『板書で見る全単元の授業のすべて 国語 小学校６年下』東洋館出版社
- 白石範孝（2012）『白石範孝の国語授業の教科書』東洋館出版社
- 朝倉一民（2018）『主体的・対話的で深い学びを実現する！板書＆展開例でよくわかる 社会科授業づくりの教科書 ６年』明治図書出版
- 西岡加名恵（2016）『「資質・能力」を育てるパフォーマンス評価 アクティブ・ラーニングをどう充実させるか』明治図書出版
- 西岡加名恵・石井英真（2018）『Q＆Aでよくわかる！「見方・考え方」を育てるパフォーマンス評価』明治図書出版
- 西岡加名恵・石井英真（2019）『教科の「深い学び」を実現するパフォー

マンス評価「見方・考え方」をどう育てるか』日本標準

・三崎陸（2018）『はじめての人のための小学校理科の『学び合い』』大学教育出版

・木村明憲（2016）『情報学習支援ツール 実践カード＆ハンドブック』さくら社

・岩瀬直樹・ちょんせいこ（2017）『「振り返りジャーナル」で子どもとつながるクラス運営』ナツメ社

・京都教育大学附属桃山小学校『メディア・コミュニケーション１〜６年』

・学校図書（令和２年度版）『みんなと学ぶ 小学校算数』

・光村図書（令和２年度版）『小学校 国語五 銀河』

・東京書籍（令和２年度版）『新しい社会５ 上・下』

・大日本図書（令和２年度版）『たのしい理科 ６』

・おおたとしまさ「子供の学力の新観点「思考コード」を知っていますか？」首都圏模試センター

https://www.syutoken-mosi.co.jp/column/entry/entry000668.php

（令和元年11月25日確認）

・「ICTを活用した教育の推進に関する懇談会（文部科学省）」

・「主体的・対話的で深い学びの実現に向けたICT活用の在り方と授業事例（文部科学省）」

おわりに

　本書をお読みいただきありがとうございました。

　私は若手時代，なかなか動き出さない教師に不満を抱いている人でした。自分が動けばよかったものの自分が実力のないなかで動くことに限界があると葛藤を抱き，自分自身にもイライラしている教師でした。そんなことを本書を書きながら，思い出しました。

　２年間，樋口学級の子どもたちをみて，「子どもたちには無限の可能性がある」ということや，子どもたちの成長を妨げているのは，子どもの成長を信用しない教師なのではないかと改めて実感しました。

　もちろん無理難題を押しつけるだけはダメです。目の前の実態に応じて，乗り越えてくれるだろうという期待をもち，ハードルをつくってきました。ハードルを乗り越えたときも，乗り越えることができなかったときも日々振り返りをしました。その振り返りが苦しくもあり，楽しくもありました。

　本書でも書いていますが，自分の教師観をアップデートすることは本当に大変なことです。自分ではアップデートしたつもりでも，実は全然アップデートをしていないという可能性もあります。だからこそ，日々学び，これからどのように変わっていくのかわからない状況に臨んでいこうと思います。

　本校では，各教科での情報機器の利活用と共に，「情報をどのように扱うか」「情報を通してどのように考えるか」といった，「情報教育」そのものに目を向け，情報教育を中核とした新教科「メディア・コミュニケーション」を創設し，研究を進めています。新型コロナがおさまりましたら，是非，京都教育大学附属桃山小学校の研究会にお越しください。

　最後になりましたが，企画をいただいたときからあたたかく見守っていただき，出版に至るまでお力添えいただきました明治図書出版の及川誠氏・杉浦佐和子氏には大変お世話になりました。この場を借りて心よりお礼申し上げたいと思います。

2021年1月

樋口　万太郎

【著者紹介】

樋口　万太郎（ひぐち　まんたろう）

1983年大阪府生まれ。大阪府公立小学校，大阪教育大学附属池田小学校を経て，京都教育大学附属桃山小学校に勤務。教職16年目。「子どもに力がつくならなんでもいい！」「自分が嫌だった授業を再生産するな」「笑顔」が教育モットー。

日本数学教育学会（全国幹事），全国算数授業研究会（幹事），関西算数授業研究会（会長），授業力＆学級づくり研究会（副代表），「小学校算数」（学校図書）編集委員。主な著書に『クラス全員をアクティブな思考にする算数授業のつくり方』（明治図書出版），『子どもの問いから始まる授業！』『やってみよう！小学校はじめてのオンライン授業』（いずれも学陽書房）など多数。

GIGA スクール構想で変える！
1人1台端末時代の授業づくり

2021年2月初版第1刷刊　©著　者　樋　口　万　太　郎
2021年9月初版第5刷刊　　発行者　藤　原　光　政
　　　　　　　　　　　　　　発行所　明治図書出版株式会社
　　　　　　　　　　　　　　　　　http://www.meijitosho.co.jp
　　　　　　　　　　　（企画）及川　誠（校正）杉浦佐和子
　　　　　　〒114-0023　東京都北区滝野川7-46-1
　　　　　　振替00160-5-151318　電話03(5907)6703
　　　　　　　　　　ご注文窓口　電話03(5907)6668
＊検印省略　　　　　　　　組版所　株式会社アイデスク

Printed in Japan　　　　　　ISBN978-4-18-349117-6
もれなくクーポンがもらえる！読者アンケートはこちらから

Society 5.0 に向けた進路指導
個別最適化時代をどう生きるか

西川　純・網代涼佑 著

今，社会の仕組みが大きく変わっています。子ども達を大人に育て，社会に送り出す学校も変わらねばなりません。個別最適化時代に，どう生きるのか。Society5.0 に向けた進路指導とは？これからの社会に生きる子ども達の幸せの為に，大切なことをまとめました。

A5判　128頁
本体 1,600円＋税
図書番号　2857

特別支援教育 すきまスキル
高等学校編

青山新吾・堀　裕嗣 編

「個と集団のバランス」を意識した特別支援教育を！高等学校で見られる「困った場面」における対応法について，その背景から読み解き，「集団への指導スキル」と「個別の支援スキル」に分けてわかりやすくまとめました。"つまずき"を解消する具体的事例が満載の1冊です。

四六判　160頁
本体 1,700円＋税
図書番号　2850

道徳授業改革シリーズ

山下 幸の道徳授業づくり
社会に つながる 道徳授業

山下　幸 著

オリジナル教材で，22の道徳内容はこう教える！自分の生き方を考え，社会につなげる道徳授業づくりが，子どもたちに力を育みます。身近な社会から切り抜いたオリジナル教材でつくる，山下幸流の道徳授業づくりがぎゅっと詰まった1冊です。

A5判　144頁
本体価 1,800円＋税
図書番号　2966

道徳授業改革シリーズ

大野睦仁の道徳授業づくり
6ステップでつくる！ 本気で考える 道徳授業

大野睦仁 著

学習活動で，子どもたちの学びが変わる！6つのステップで生き方を問う道徳授業づくりが，子どもたちに力を育みます。身近な社会から切り抜いたオリジナル教材でつくる，大野睦仁流の道徳授業づくりがぎゅっと詰まった1冊です。

A5判　136頁
本体価 1,800円＋税
図書番号　2965

明治図書　携帯・スマートフォンからは **明治図書 ONLINE へ** 書籍の検索、注文ができます。▶▶▶

http://www.meijitosho.co.jp　＊併記4桁の図書番号（英数字）でHP、携帯での検索・注文が簡単に行えます。

〒114−0023　東京都北区滝野川7−46−1　ご注文窓口　TEL 03−5907−6668　FAX 050−3156−2790

＊価格は全て本体価格表示です。